Queridos lectores,

Soy Andrea y estoy encantada de darles la bienvenida a "Mis Recetas para Celebrar las Fiestas". Quiero comenzar expresando mi más sincero agradecimiento por elegir este libro. Su apoyo es un verdadero regalo que me motiva a seguir compartiendo mi pasión por la cocina.

Esta época del año es mágica y hermosa, llena de luces, risas y momentos especiales. En cada celebración, más allá de los regalos, el regalo más hermoso que podemos dar es el tiempo que pasamos con nuestros seres queridos. Cocinar es una forma de expresar amor, y cada receta que encontrarás aquí está diseñada para reunir a las familias y amigos alrededor de la mesa.

La gratitud es un ingrediente esencial en nuestras vidas, y en estas fiestas, es el momento perfecto para recordar lo afortunados que somos. Espero que estas recetas te inspiren a crear deliciosos platos y a compartir momentos inolvidables con quienes más amas.

Disfruta de cada bocado, de cada risa, y que esta temporada esté llena de amor, alegría y gratitud.

Con todo mi cariño,

Andrea

Índice

Aperitivos

Plato Principal

Galletas

Mesa Dulce

1. Almendrado
2. Cheesecake de Frutilla
3. Tarta de Chocolate
4. Flan
5. Garrapiñadas caseras
6. Pavlova
7. Postre de Dulce de Leche con Bananas
8. Tarta de Frutillas con Gelatina
9. Pan dulce
10. Budín Inglés
11. Pionono sin Gluten
12. Frutillas Bañadas en Chocolate
13. Tiramisú
14. Postre Chajá
15. Torta Flan de Dulce de Leche
16. Budín Hamburgués con nueces y chocolate
17. Mousse de Chocolate
18. Lemon pie fácil
19. Brownies con Nueces
20. Turrón Navideño con miel
21. Trufas de Coco y Chocolate
22. Cupcakes pinguino navideño
23. Cupcake arbolito
24. Cupcake pavo
25. Helado Casero de Dulce de Leche
26. Peras al vino tinto

Bebidas   BONO

1. Piña colada
2. Mimosa festiva
3. Ponche
4. Coquito
5. Ponche de huevo (eggnog)
6. Sangría
7. Limoncello
8. Baileys casero
9. Sidra caliente con especias
10. Mojito Navideño
11. Chocolatada festiva

Aperitivos

01 Tortitas de Zanahoria y Garbanzos

Opción 100% GLUTEN FREE

Porciones: 8-10

Ingredientes

- 1 taza de garbanzos cocidos (puedes usar enlatados, escurridos y enjuagados)
- 1 taza de zanahorias ralladas
- 1/2 cebolla, picada finamente
- 2 huevos
- 1/2 taza de avena (puedes usar avena sin gluten si lo prefieres)
- 2 cucharadas de perejil fresco picado
- 1 cucharadita de comino en polvo
- 1 cucharadita de sal
- Pimienta al gusto
- Aceite para freír

Instrucciones

1. En un tazón grande, colocar los garbanzos cocidos y aplástarlos ligeramente con un tenedor o un pisapuré. No es necesario hacer un puré completamente liso; un poco de textura es buena.
2. Añadir las zanahorias ralladas, la cebolla picada, los huevos, la avena, el perejil, el comino, la sal y la pimienta. Mezclar bien hasta que todos los ingredientes estén integrados.
3. Con las manos, forma pequeñas tortitas o hamburguesas con la mezcla. Puedes hacerlas del tamaño que prefieras.
4. Calentar un poco de aceite en una sartén a fuego medio. Cuando el aceite esté caliente, colocar las tortitas en la sartén.
5. Cocinar cada lado durante 3-4 minutos o hasta que estén doradas y crujientes.
6. Retirar las tortitas de la sartén y colocarlas en un plato con papel absorbente para eliminar el exceso de aceite.
7. Disfruta las tortitas calientes, solas o acompañadas de una salsa de yogur, salsa de tomate o tu salsa favorita.

02 Bruschetas con tomate y albahaca

Opción 100% GLUTEN FREE

Porciones: 6-8

Ingredientes
- 1 baguette o pan ciabatta (puedes usar pan sin gluten si lo prefieres)
- 4-5 tomates maduros, cortados en cubos pequeños
- 1 diente de ajo, picado finamente
- Un puñado de hojas de albahaca fresca, picadas
- 2 cucharadas de aceite de oliva extra virgen
- Sal al gusto
- Pimienta negra al gusto
- Opcional: un chorrito de vinagre balsámico

Instrucciones
1.Precalienta el horno a 392°F/200°C.

2. Cortar el pan en rebanadas de aproximadamente 1-2 cm de grosor y colocar en una bandeja para hornear.

3.Rociar las rebanadas de pan con un poco de aceite de oliva y hornear durante 5-7 minutos, o hasta que estén doradas y crujientes. Retirar del horno y dejar enfriar.

4. En un tazón grande, combinar los tomates en cubos, el ajo picado, la albahaca, el aceite de oliva, la sal y la pimienta. Si deseas, puedes añadir un chorrito de vinagre balsámico para darle un toque extra de sabor. Mezclar bien para que todos los ingredientes se integren.

5.Una vez que el pan esté listo, colocar una cucharada generosa de la mezcla de tomate y albahaca sobre cada rebanada de pan.

6.Servir las bruschettas inmediatamente, decoradas con unas hojas de albahaca adicionales si lo deseas.

03

Mini empanaditas

Porciones: 24 unidades

Ingredientes
Para la masa:
- 500g de harina (4tazas)
- 1 cdita de sal,
- 1 taza de agua,
- 50 g de manteca (3 cdas)
- 1 huevo

Para el relleno (puedes variar según tus gustos)
- 250 g (0.5 lb.) de carne picada (puedes usar carne de res, pollo o incluso una opción vegetariana, ej lentejas cocidas)
- 1 cebolla, picada finamente
- 1/2 pimiento rojo, picado (opcional)
- 1 huevo duro, picado (opcional)
- Aceite de oliva
- Sal y pimienta al gusto
- Especias al gusto (orégano, comino, pimentón)
- 1 huevo batido para pintar

Instrucciones
1. Para la masa ponemos harina y sal en un bol.
2. Por otro lado hervir el agua en una olla y agregar la manteca, cuando derrite retirar del fuego.
3. volcar el agua caliente en la harina y revolver con cuidado.
4. Agregar un huevo, amasar solo para unir y dejar descansar 20 minutos tapado.
5. Estirar y cortar las tapas.
6. Para el relleno, en una sartén, calentar un poco de aceite de oliva y añadir la cebolla y ají, sofríe hasta que esté transparente.
7. Agregar la carne picada y cocinar hasta que esté dorada.
8. Si deseas, agrega el huevo duro picado y mezcla bien. Condimenta con sal, pimienta y especias al gusto. Retira del fuego y deja enfriar.
9. Precalienta el horno a 400°F/200°C .
10. Con un cortador de galletas o un vaso, corta círculos de masa (de unos 8-10 cm de diámetro).
11. Coloca una cucharada del relleno en el centro de cada círculo, dobla la masa por la mitad y presiona los bordes para sellar. Puedes usar un tenedor para hacer un borde decorativo.
12. Coloca las empanaditas en una bandeja para hornear forrada con papel manteca. Pincelar con huevo batido.
13. Hornear durante 15-20 minutos o hasta que estén doradas y crujientes.

04

Pinchos de pollo

100% GLUTEN FREE

Porciones: 6-8

Ingredientes
Para los pinchos

- 500 g de pechuga de pollo, cortada en cubos
- 1 pimiento rojo, cortado en trozos
- 1 pimiento verde, cortado en trozos
- 1 cebolla, cortada en trozos
- 1/2 taza de champiñones (opcional)
- 2 cucharadas de aceite de oliva
- 2 cucharadas de salsa de soja
- 1 cucharada de miel o azúcar moreno
- 1 cucharadita de pimentón dulce
- 1 cucharadita de ajo en polvo
- Sal y pimienta al gusto
- Palitos de brocheta (si son de madera, remojarlos en agua durante 30 minutos antes de usarlos)

Instrucciones

1. En un tazón grande, mezclar el aceite de oliva, la salsa de soja, la miel, el pimentón, el ajo en polvo, la sal y la pimienta.
2. Agregar los cubos de pollo y mezclar bien para que se impregnen de la marinada. Dejar marinar en el refrigerador durante al menos 30 minutos (puedes dejarlo más tiempo para un mejor sabor).
3. En los palitos de brocheta, ensartar un trozo de pollo, seguido de un trozo de pimiento rojo, un trozo de cebolla, y un champiñón (si lo usas). Repetir hasta que llenes el palito, dejando espacio en ambos extremos.
4. Alternar los ingredientes según tu preferencia.
5. Precalentar la parrilla o una sartén a fuego medio-alto.
6. Colocar los pinchos en la parrilla o sartén y cocinar durante aproximadamente 10-12 minutos, girando ocasionalmente, hasta que el pollo esté bien cocido y dorado.
7. Retirar los pinchos de la parrilla y dejarlos reposar unos minutos antes de servir.

Puedes acompañarlos con una salsa de yogur, salsa de mostaza y miel o una salsa barbacoa.

05 Hojaldre de Espinacas, Champiñones y Frutos Secos

Porciones: 4-6

Ingredientes
- 1 lámina de masa de hojaldre (aprox. 250 g / 9 oz)
- 200 g de espinacas frescas (aprox. 4 tazas de espinacas crudas, ligeramente prensadas)
- 100 g (1 taza) de champiñones, en rodajas
- 50 g (1/3 taza) de frutos secos (nueces o almendras), picados
- 2 cucharadas de aceite de oliva
- 1 diente de ajo, picado
- 100 g (1/2 taza) de queso crema o ricotta
- Sal y pimienta al gusto
- 1 huevo batido (para pincelar)

Instrucciones
1. Precalentar el horno a 200°C (400°F).
2. Saltear las espinacas y champiñones en una sartén con aceite de oliva y ajo hasta que estén tiernos. Agregar los frutos secos y sazonar con sal y pimienta.
3. Extender la masa de hojaldre y untarla con queso crema o ricotta.
4. Colocar la mezcla de espinacas y champiñones sobre la masa de hojaldre. Enrollar el hojaldre y cortar en rodajas.
5. Pincelar con huevo batido y hornear durante 15-20 minutos o hasta que estén doradas.

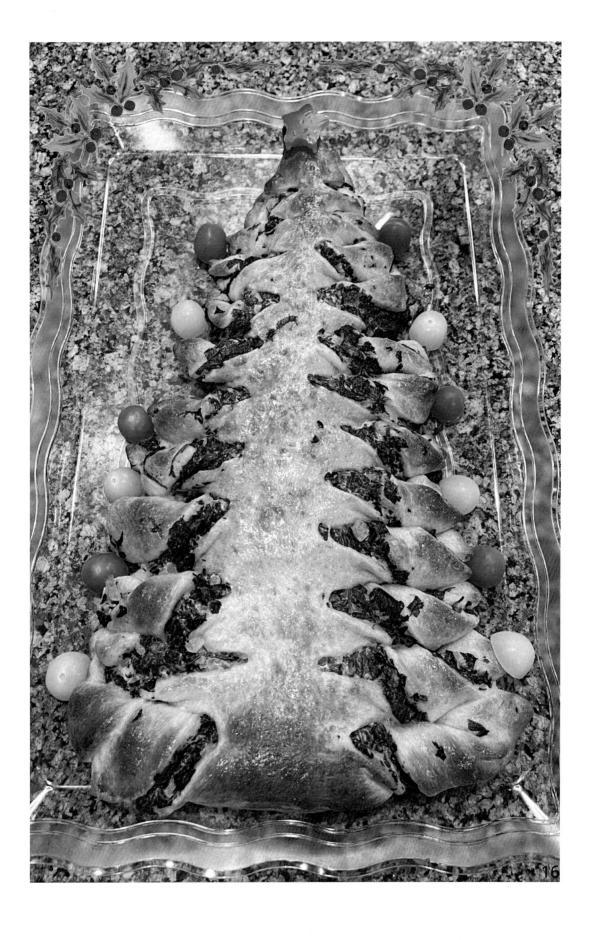

16

06

Árbol de Pizza Relleno de Espinaca

Opción
100%
GLUTEN
FREE

Porciones: 10-12

Ingredientes
- 1 cebolla
- 380g (13.40 oz) de espinaca cruda
- 2 cucharadas de queso crema
- sal y pimienta a gusto
- 1 masa para pizza (opcional masa sin gluten)
- 1 huevo para pintar
- Tomates cherry para decorar

Instrucciones
1. Comenzar preparando el relleno: dorando una cebolla picada en una sartén con un poco de aceite.
2. Agregar la espinaca picada, cocinar y condimentar con sal y pimienta.
3. Retiramos y agregamos queso crema.
4. Cortar la masa en dos triángulos . Colocamos uno en una placa para horno aceitada o con papel manteca.
5. Colocar el relleno y tapar con la otra masa.
6. Hacer cortes a los lados del árbol , dejando aproximadamente un centímetro en el centro (sin cortar).
7. Enroscar los bordes. Pincelar con huevo .
8. Hornear a 400 F/200 C por 20 o 25 minutos, o hasta que se vea dorado.
9. Decorar con tomates cherry y una estrella que cortamos con cortante en un morrón rojo.

18

Tabla de Quesos y Embutidos en Forma de Árbol

100%
GLUTEN
FREE

Aquí en esta receta te toca ponerte creativo/a y decorarlo con lo que mas te guste!
Si tenés intolerancias utilizá ingredientes permitidos de acuerdo a tus restricciones.

Ingredientes

- Quesos variados (brie, cheddar, gouda)
- Embutidos variados (jamón, salami, chorizo)
- Frutas (uvas, higos, arándanos, frambuesas)
- papitas (yo usé estas de garbanzos sin gluten)
- Tomates cherry
- Aceitunas
- Frutos secos (almendras, maní, nueces)
- Ramitas de romero para decorar
- Bastones de caramelo navideños

Instrucciones

1. Formar un triángulo con los quesos y embutidos en una tabla grande, para que imite la forma de un árbol.
2. Intercalar con frutas y frutos secos. Decorar con ramitas de romero.
3. Utilizar cortantes de tu preferencia , yo use de estrella para los quesos.
4. Cortar los bastones de caramelo en trozos y utilizarlos para decorar a tu gusto!

Aperitivos con Aceitunas (Pingüinos Navideños)

100% GLUTEN FREE

Ingredientes

- Aceitunas negras grandes (deshuesadas)
- queso mozzarella en perlas
- Zanahorias
- Ajies rojos para los sombreros navideños

Instrucciones

1. Cortar las zanahorias en forma de pacman para hacer "pies" de pingüino.
2. Cortar las aceitunas a la mitad y pincharlas con un palillo en los lados de las muzarellas simulando las aletas, (cortar los excesos de palillo).
3. Colocar una aceituna simulando la cabeza, un trocito pequeño de zanahoria en triángulo para el pico.
4. Cortar un sombrerito triangular de Ají rojo.
5. Utilizar queso crema para el pompón y la base del sombrero. Recomiendo hacer esta parte con manga repostera y pico rizado pequeño .

Pinchos Navideños con pancitos con queso

Porciones: 10-12

Ingredientes
Para los pancitos

- 375g (2 3/4 taza) de harina 000 (harina de todo uso)
- 7g (2 cucharaditas) de levadura seca
- 1 cucharadita de sal
- 200 cc (1 taza) de leche tibia
- 45g (3/4 taza) de manteca derretida
- 1 huevo
- 150g (1 1/4 taza) de mozarella rallada
- 3 cucharadas de ajo y perejil picado
- Manteca blanda
- 1 huevo para pintar

Para los Pinchos

- Tomates cherry
- Bolitas de muzarella
- Hojas de albahaca o rúcula
- Aceitunas verdes o negras (opcional)
- Aceite de oliva
- Aceto balsamico

Instrucciones

1. Para los pancitos: Mezclar la harina con la sal, hacer un hueco en el centro y agregar levadura, leche tibia, mantequilla derretida y un huevo. Amasar.
2. Dejar levar por una hora tapado.
3. Dividir en 4 , estirar y a dos de ellos untar con mantequilla derretida.
4. Agregar muzarella rallada (opcional ajo y perejil) y tapar con las dos masas restantes.
5. Montar uno encima del otro.
6. Estirar y cortar en bastones de aproximadamente 1 cm. de ancho Enroscar y dejar descansar en una placa para horno aceitada por 15 minutos.
7. Hornear por 25 minutos a 350F/180 C.

Para los Pinchos:

8. En cada palillo, ensartar un tomate cherry cortado a la mitad, una bolita de mozzarella, una hoja de albahaca o rúcula .
9. Puedes Agregar aceitunas si así lo deseas.
10. Sazonar con un poco de aceite de oliva, y aceto balsámico .

24

10 Langostinos o camarones empanados con Copos de Maíz

opción 100% GLUTEN FREE

Porciones: 4-5

Ingredientes

- 500 g de langostinos o camarones pelados y limpios
- 1 taza de copos de maíz triturados
- 1/2 taza de harina (o premezcla sin gluten)
- 2 huevos, batidos
- Sal y pimienta al gusto
- Aceite c/n

Instrucciones

1. Sazonar los langostinos con sal y pimienta.
2. Pasar los langostinos o camarones por harina o premezcla, luego por huevo batido y finalmente por los copos de maíz triturados.
3. Freír en aceite caliente hasta que estén dorados. Escurrir sobre papel absorbente antes de servir.

Opcional: freidora de aire . Cocinar hasta que estén doraditos. Aproximadamente 15-20 minutos.

Palillos de Cóctel de Colores

opción
100%
GLUTEN
FREE

Ingredientes

- Cubos de queso
- Bolitas de muzzarela
- Tomates cherry
- Aceitunas
- Pimientos rojos y verdes (cortados en cubos)
- Rodajas de Salame
- Rodajas de pepino (opcional)
- Perejil o cilantro para decorar

Instrucciones

1.Ensartar en cada palillo una aceituna , una bolita de muzarella, un tomate cherry, una rodaja de salame doblada en 4, un cubo de queso y una rodaja de pepino.

También puedes ponerte creativo/a y utilizar cualquier ingrediente que te agrade y que tengas en casa.

2. Repetir hasta obtener la cantidad deseada y servir en una bandeja festiva.

28

12

opción 100% GLUTEN FREE

Paté de Salmón

Porciones: 4-6

Ingredientes

- 200 g de salmón ahumado
- 100 g de queso crema
- 1 cucharada de jugo de limón
- Ajo en polvo
- Sal y pimienta al gusto
- Tostadas o galletas saladas (tostadas sin gluten)

Instrucciones

1. Procesar el salmón con el queso crema hasta obtener una pasta suave.
2. Agregar jugo de limón, ajo en polvo, sal y pimienta al gusto.
3. Refrigerar hasta servir.
4. Untar el paté en Tostaditas o Galletas saladas (buscar opciones sin gluten si es necesario.

Aperitivos de Hojaldre con Queso Brie y Salsa de Arándanos

Porciones: 10-12

Ingredientes
- 1 lámina de masa de hojaldre
- 200 g de queso brie, cortado en cubos
- 1/2 taza de salsa de arándanos
- 1 huevo para pintar

Instrucciones
1. Precalentar el horno a 400°F/200°C.
2. Cortar la masa de hojaldre en pequeños cuadrados. Colocar un cubo de brie y una cucharadita de salsa de arándanos en cada uno.
3. Pincelar con huevo y hornear durante 10-15 minutos.

14

Huevos Rellenos con Salmón

opción
100%
GLUTEN
FREE

Porciones : 6-12

Ingredientes

- 6 huevos, cocidos y cortados a la mitad
- 100 g de salmón ahumado, picado
- 2 cucharadas de mayonesa
- 1 cucharadita de mostaza
- Perejil picado fresco para decorar

Instrucciones

1. Hervir los huevos
2. Sacar las yemas y mezclarlas con la mayonesa, mostaza y el salmón picado.
3. Rellenar las mitades de clara de huevo con esta mezcla y decorar con perejil
4. Si querés darles formita te recomiendo agregar la preparación a una manga para repostería con pico rizado!

15 Canapés con Queso Crema y Granada

Opción 100% GLUTEN FREE

Porciones: 12

Ingredientes
- 12 Pan de canapé (o galletas saladas)
- 3 cucharadas de Queso crema
- Granos de granada c/n
- Tomates cherry
- Pistachos para decorar

Instrucciones
1. Untar queso crema en el pan o las galletas saladas.
2. Colocar unos granos de granada encima y decorar con una hoja de menta, tomates cherry y unos pistachos.

Pionono de Atún Relleno

opción 100% GLUTEN FREE

Porciones: 8 a 12 porciones

Ingredientes
Pionono
- 1 cuadradito de manteca o mantequilla
- 4 huevos a temperatura ambiente
- 70g (1/2 taza) de azúcar
- 1 cucharada de miel
- 1 cucharadita de esencia de vainilla
- 1 pizca de sal
- 80g (3/4 taza) de harina 0000 o la mas refinada que consigas

Si tenes restricciones con el gluten te invito a preparar la masa sin gluten (Receta Número 11 de la sección mesa dulce).

Relleno
- 2 latas de atún de 340g (12 oz) cada una
- Un trozo de cebolla morada
- sal y pimienta a gusto
- Mayonesa cantidad necesaria
- 1/2 ají rojo
- 2 huevos duros cortados en 4
- Aceitunas verdes.

Instrucciones
1. Precalentar el horno a 360F ,180C
2. Enmantecar y enharinar una placa con papel manteca para horno de 43x29 cm/17x11.5 pulgadas y llevar a la heladera.
3. Batir los huevos con el azúcar, la miel y la sal.
4. Agregar la esencia de vainilla y la harina tamizada que incorporamos con movimientos envolventes. Verter sobre el molde.
5. Hornear por 10 minutos. Despegar en caliente y enroscar en el mismo papel. Dejar enfriar.
6. Para el relleno mezclar el atún , con la cebolla picada, mayonesa y condimentos.
7. Untar en el pionono y hacer hileras de huevos duros, ajies cortados en tiritas y aceitunas. Enroscar y decorar a gusto!

Saquitos de Hojaldre con Acelga y Queso Azul

Porciones: 6-8 porciones

Ingredientes

- 1 lámina de hojaldre
- 200 g de acelga cocida, picada
- 1 trozo de manteca
- Media cebolla picada
- 100 g de queso azul, desmenuzado
- 1 huevo batido (para pincelar)
- Una ramita de romero para decorar

Instrucciones

1. Precalentar el horno a 200°C (400°F).
2. Dorar la cebolla en un trozo de manteca
3. Mezclar la acelga con el queso azul.
4. Cortar el hojaldre en cuadrados, rellenar, y cerrar como un saquito.
5. Pincelar con huevo y hornear hasta dorar. Aproximadamente 20-25 minutos.

18

Bastón Caprese

100%
GLUTEN
FREE

Porciones :6 -8

Ingredientes
- 3 Tomates
- 450 g (16 oz) de queso mozzarella
- Hojas de albahaca fresca c/n

Instrucciones
1.Cortar el tomate en rodajas.
2. Cortar el queso muzarella en rodajas
3. Ir intercalando el queso y el tomate en una bandeja y acomodar en forma
de bastón .
4. Agregar algunas hojas de albahaca para decorar.

19

Tomates rellenos de atún

100% GLUTEN FREE

Porciones: 8

Ingredientes

- 4 tomates grandes
- 2 latas de atún en agua, escurrida
- 2 cucharadas de mayonesa
- 1 cucharadita de mostaza Dijon
- 1/4 de cebolla finamente picada
- Sal y pimienta al gusto
- Aceitunas
- Perejil fresco picado para decorar

Instrucciones

1. Lavar los tomates y cortar a la mitad. Retira las semillas y la pulpa con cuidado para crear espacio para el relleno. Reserva la pulpa si deseas incorporarla al relleno.
2. Preparar el relleno: En un tazón, mezcla el atún escurrido, la mayonesa, la mostaza, la cebolla picada, sal y pimienta. Si reservaste la pulpa del tomate, añádela a la mezcla.
3. Rellenar los tomates: Llena cada tomate con la mezcla de atún.
4. Decorar y servir: Decora con perejil fresco picado y aceitunas.
5. coloca los tomates en una bandeja para servir.
6. Refrigerar (opcional): Puedes refrigerar los tomates rellenos durante 30 minutos antes de servir para que estén más frescos.

Brochetas de melon con crujiente Jamón

Porciones:

Ingredientes
- Melon noissete c/n
- 4 fetas de jamón crudo

Instrucciones
1. Colocar una hoja de papel absorvente en el plato del microondas y sobre ella 2 fetas de jamón.
2. cubrir con otra hoja de papel y colocar 2 fetas más.
3. tapar con una tercer hoja de papel.
4. Cocinar por 1 minuto a máxima potencia hasta que estén secas y crujientes
5. Dejar enfriar y picar.
6. Armar las brochetas pinchando dos bolitas de melon noisette con un palillo y espolvorear con el jamón crujiente antes de servir.

46

21

Bocaditos de Mozzarella

Opción 100% GLUTEN FREE

Porciones: 12

Ingredientes

- 12 mini mozzarella frescas
- 10g (2 cucharadas) de harina de trigo o premezcla sin gluten
- 1 Huevo
- Pan rallado o copos de maíz triturados (sin gluten)
- 20g (3 cucharadas) de queso parmesano rallado
- sal y pimienta
- Aceite de oliva

Instrucciones

1. Escurrir las mini mozzarellas , secar bien con papel absorbente .
2. Salpimentar y espolvorear con harina o premezcla, tienen que quedar bien cubiertas.
3. Batir bien el huevo en un recipiente y en el otro mezclar el pan o copos de maíz y el queso rallado.
4. Pasar la mini mozzarella por el huevo y después por el pan y queso rallado.
5. Repetir la operación para un empanado doble.
6. Calentar abundante aceite en una sartén y cocinar. (opcional cocinar en freidora de aire).
7. Retirar y escurrir en un papel absorbente.

Corona Navideña

22

Porciones: 12

Ingredientes

- 12 Tomates cherry
- 12 fetas de Rodajas de salame
- 12 cuadraditos de queso de tu preferencia
- Aceitunas negras c/n
- 12 Rodajas de bondiola o lomito
- Ramitos de romero para decorar
- Col rizada para decorar
- Ají rojo cortado en cuadraditos
- Hojas de albahaca
- queso mozzarella
- Palillos decorativos

Instrucciones

1. En Un plato redondo colocar una base de col rizada en forma de corona
2. Pinchar en los palillos todos los ingredientes
3. Acomodar en forma de corona y decorar con romero y albahaca.

Plato principal

1

Vitel Toné

Porciones: 12

Ingredientes

- 1 kg (2.2 lbs) de peceto
- 2 zanahorias medianas, en trozos grandes
- 1 cebolla mediana, en trozos grandes
- 2 hojas de laurel
- 1 litro (4 tazas) de agua
- Sal al gusto
- Para la salsa:
- 300 g (1¼ tazas) de mayonesa
- 240 ml (1 taza) de crema de leche
- 100 g (½ taza) de atún en aceite, escurrido
- 5 filetes de anchoas
- 1 cucharada de alcaparras, más extra para decorar
- Sal y pimienta al gusto

Instrucciones

- En una cacerola grande, hervir el peceto junto con las zanahorias, cebolla, laurel, agua y sal durante aproximadamente 1 hora o hasta que esté tierno.
- Retirar el peceto y dejarlo enfriar antes de cortar en rodajas finas.
- Para la salsa, procesar la mayonesa, crema, atún, anchoas y alcaparras hasta obtener una mezcla suave. Ajustar la sal y pimienta.
- Servir las rodajas de peceto con la salsa encima y decorar con alcaparras.

Carré de cerdo con ciruelas

2

Porciones 6-8

Ingredientes

- 1.5 kg (3.3 lbs) de carré de cerdo
- 200 g (5 fetas) de panceta
- 200 g (1 taza) de ciruelas secas sin carozo
- 50 ml (3½ cucharadas) de vino blanco seco
- 2 cucharadas de aceite de oliva
- Sal y pimienta al gusto

Preparación

1. Precalentar el horno a 350°F (180°C).
2. Hacer cortes en el carré y rellenarlo con las ciruelas y la panceta. Sazonar con sal y pimienta.
3. Colocar el carré en una bandeja para horno y rociar con aceite de oliva.
4. Añadir el vino blanco a la bandeja.
5. Hornear durante 1 hora y 30 minutos, o hasta que esté dorado y cocido.

Pechito de cerdo con salsa barbacoa

3

Porciones: 4-6

Ingredientes

- 1 kg (2.2 lbs) de pechito de cerdo
- 240 ml (1 taza) de salsa barbacoa (sin gluten o prepararla casera)
- 2 cucharadas de miel
- 1 cucharada de mostaza
- 1 cucharadita de ajo en polvo
- Sal y pimienta al gusto

Preparación

1. Precalentar el horno a 375°F (190°C).
2. Sazona el pechito de cerdo con sal, pimienta y ajo en polvo.
3. En un bol, mezclar la salsa barbacoa, miel y mostaza.
4. Para preparar una salsa barbacoa casera mezcla: 1 cucharada de salsa de soja, 100g de ketchup (7 cucharadas), 1 cda de azúcar morena, 1 cda de vinagre blanco, 1 cucharada de whisky, 1 cucharada de pimentón.
5. Colocar el pechito en una bandeja y cubrirlo con la mezcla de salsa barbacoa.
6. Hornear durante 1 hora, cubriendo con papel aluminio los primeros 30 minutos para que no se seque.

4

Lengua a la vinagreta

100% GLUTEN FREE

Porciones: 8-10

Ingredientes
- 1 lengua de ternera (aproximadamente 1 kg o 2.2 lbs)
- 1 zanahoria, en rodajas
- 1 cebolla, en trozos
- 2 hojas de laurel
- 1 litro (4 tazas) de agua
- Sal al gusto

Para la vinagreta
- 100 ml (⅓ taza) de vinagre de vino blanco
- 200 ml (⅔ taza) de aceite de oliva
- 1 cebolla mediana, picada finamente
- 2 dientes de ajo
- 2 cucharadas de perejil fresco picado
- Sal y pimienta al gusto

Preparación
1. Cocinar la lengua en una cacerola grande con la zanahoria, cebolla, laurel y agua durante 2 horas o hasta que esté tierna.
2. Retirar la lengua, dejar enfriar y retirar la piel. Cortar en rodajas finas.
3. Para la vinagreta, mezclar el vinagre, aceite, ajo cortado en rodajas, cebolla y perejil en un bol y sazonar con sal y pimienta.
4. Verter la vinagreta sobre las rodajas de lengua y dejar marinar en la heladera durante al menos 2 horas antes de servir.

Pollo al escabeche

5

100% GLUTEN FREE

Porciones: 4

Ingredientes

- 1/2 pollo al horno
- 1 cebolla
- 1 zanahoria
- 4-5 dientes de ajo
- Pimienta en grano, aproximadamente 15 granos
- 5 hojas de laurel
- 1 taza de aceite (yo use de maíz)
- 1/4 a 1/2 taza de vinagre blanco

Sal pimienta y condimentos a gusto

Preparación

1. En una cacerola, colocar el pollo cortado, zanahoria y cebolla.
2. Añadir el vinagre, aceite, laurel, pimienta, sal y ajo.
3. Cocinar a fuego bajo por 1 hora o hasta que el pollo esté tierno.
4. Dejar enfriar y servir en frío.

62

6

Torre de panqueques

Porciones: 4-6

Ingredientes para los Panqueques
- 200 g (1½ tazas) de harina de trigo tamizada
- 500 ml (2 tazas) de leche entera
- 2 huevos grandes
- 1 pizca de sal
- Manteca o mantequilla en cantidad necesaria para cocinar los panqueques

Ingredientes para el Relleno de la Torre
Puedes personalizar los rellenos, pero aquí tienes una idea clásica para cada capa:
- 200 g (1 taza) de queso crema o mayonesa
- 150 g (12 fetas) de jamón cocido en tiras
- 2 huevos duros picados
- 1 zanahoria rallada
- 150 g (1 taza) de palmitos en rodajas finas
- 1 lata de atún (170 g) escurrido
- Hojas de lechuga y tomate en rodajas (para decorar)
- Sal, pimienta y mayonesa al gusto

Preparación
1. En un bol grande, batir los huevos y añadir la leche, mezclando bien.
2. Incorporar la harina tamizada y la sal. Batir suavemente hasta obtener una mezcla homogénea sin grumos.
3. Cocinar los panqueques: Calentar una sartén antiadherente a fuego medio, añadir una pequeña cantidad de mantequilla o rociar con aceite en aerosol.
4. Formar los panqueques: Verter 60 ml (¼ taza) de masa en la sartén caliente, distribuyendo la masa en una capa fina y uniforme. Cocinar 1-2 minutos hasta que los bordes se vean secos y aparezcan burbujas; voltear y cocinar el otro lado. Repetir con el resto de la masa y reservar los panqueques.

Armado
1. Primera capa: Colocar un panqueque en el plato de presentación y extender una capa de mayonesa o queso crema y jamón.
2. Segunda capa: Coloca otro panqueque encima y cubre con una mezcla de huevo duro picado y mayonesa.
3. Tercera capa: Añadir un panqueque y cubrir con zanahoria rallada y palmitos.
4. Cuarta capa: Agregar otro panqueque y cubrir con atún desmenuzado y un toque de mayonesa.
5. Continuar hasta usar todos los panqueques, alternando los rellenos según prefieras.
6. Decoración: Cubrir la torre con una capa fina de mayonesa o queso crema. Decorar con hojas de lechuga y rodajas de tomate en la parte superior y alrededor de la torre.

7

Lomo con salsa de champiñones

Porciones: 6

Ingredientes

- 1 kg (2.2 lbs) de lomo de res
- 200 g (7 oz) de champiñones frescos en láminas
- 100 ml (⅓ taza) de crema de leche
- 100 ml (⅓ taza) de vino blanco
- 2 cucharadas de mantequilla
- Sal y pimienta al gusto

Preparación

1. Sazonar el lomo con sal y pimienta y dorarlo en mantequilla en una sartén.
2. Añadir los champiñones y cocinar hasta dorar.
3. Agregar el vino y dejar reducir.
4. Verter la crema y cocinar a fuego bajo hasta espesar.

8

Porciones: 4

Ingredientes

- 4 presas de pollo (muslos o pechugas)
- 240 ml (1 taza) de jugo de naranja
- 60 ml (¼ taza) de salsa de soja
- 2 cucharadas de miel
- 1 cucharadita de jengibre fresco rallado
- Sal y pimienta al gusto

Preparación

1. En un bol, mezclar el jugo de naranja, salsa de soja, miel y jengibre.
2. Separar la piel del pollo y marinar el pollo en esta mezcla, que quede bien cubierto.
3. Refrigerar por lo menos una hora.
4. Cocinar en el horno a 375°F /190°C por 45 minutos, hasta que el pollo esté dorado y la salsa espese.

Salmón al horno

100% GLUTEN FREE

9

Porciones: 4

Ingredientes

- 4 filetes de salmón (aproximadamente 150 g o 5 oz cada uno)
- 2 cucharadas de aceite de oliva
- 2 o 3 Dientes de ajo enteros
- 1 limón en rodajas
- Sal y pimienta al gusto
- Espinaca picada para decorar

Preparación

1. Precalentar el horno a 400°F (200°C).
2. Colocar los filetes de salmón en una bandeja, rociar con aceite de oliva, los dientes de ajo, sazonar y colocar rodajas de limón.
3. Hornear por 12-15 minutos, hasta que el salmón esté cocido y se desmenuce fácilmente.

10

Cordero al romero

100% GLUTEN FREE

Porciones: 6

Ingredientes

- 1.5 kg (3.3 lbs) de pierna de cordero
- 3 ramas de romero fresco
- 3 dientes de ajo, en rodajas
- 50 ml (3½ cucharadas) de aceite de oliva
- Sal y pimienta al gusto

Preparación

1. Precalienta el horno a 400°F (200°C).
2. Haz pequeñas incisiones en el cordero e inserta ajo y romero.
3. Rocía con aceite, sal y pimienta.
4. Hornea por 1 hora y 30 minutos, hasta que esté dorado y tierno.

11

Pernil

Porciones: 12-15

Ingredientes

- 4 kg (aproximadamente 9 libras) de pernil de cerdo
- 10 dientes de ajo picados
- 200 ml (¾ taza) de vino blanco
- 100 ml (½ taza) de jugo de naranja
- 3 ramas de romero
- 1 cucharada de pimentón
- 2 cucharadas de sal
- Pimienta al gusto
- Bolsa para horno

Preparación

1. Precalentar el horno a 180°C (350°F).
2. Mezclar el ajo, el vino, el jugo de naranja, el pimentón, la sal y la pimienta.
3. Frotar bien el pernil con esta mezcla y colocarlo en una fuente para horno. Colocar las ramas de romero alrededor.
4. Introducir en la bolsa para cocinar en horno o cubre con papel de aluminio y hornea durante 4 horas, retirando el papel durante la última hora para que se dore.
5. Comer frío o caliente.

74

12

Jamón Glaseado con Rodajas de Ananá

100% GLUTEN FREE

Porciones: 10-12

Ingredientes

- 2 kg (aproximadamente 4.5 libras) de jamón cocido entero (con o sin hueso)
- 1 taza (240 ml) de jugo de naranja
- 100 g (½ taza) de azúcar moreno
- 2 cucharadas de mostaza Dijon
- ¼ taza (60 ml) de miel
- 1 lata de rodajas de ananá en almíbar (aproximadamente 8 rodajas)
- Clavos de olor (opcional, para decorar)

Preparación

1. En un bol, mezclar el jugo de naranja, el azúcar moreno, la mostaza y la miel hasta que el azúcar se disuelva y quede una mezcla homogénea.
2. Precalentar el horno a 180°C (350°F).
3. Colocar el jamón en una fuente para hornear.
4. Con un cuchillo, realizar cortes superficiales en forma de rombos en la superficie del jamón.
5. Colocar las rodajas de ananá sobre el jamón, asegurándolas con palillos si es necesario. Puedes insertar un clavo de olor en el centro de cada rodaja de ananá para una presentación festiva (opcional).
6. Con una brocha de cocina, cubrir el jamón y las rodajas de ananá con una capa generosa del glaseado.
7. Hornear el jamón durante aproximadamente 1.5 a 2 horas, dependiendo de su tamaño, bañándolo con más glaseado cada 30 minutos para lograr una superficie caramelizada y jugosa.
8. Retirar el jamón del horno y dejarlo reposar unos minutos antes de cortar.
9. Servir en rodajas junto con las rodajas de ananá como guarnición.

13

Camarones a la parrilla

Porciones: 4

Ingredientes

- 500 g (1 lb) de camarones grandes, pelados y desvenados
- 2 cucharadas de aceite de oliva
- Jugo de 1 limón
- Sal y pimienta al gusto
- Palitos de brocheta

Preparación

1. Precalentar la parrilla.
2. Mezclar el aceite, el jugo de limón, la sal y la pimienta.
3. Pinchar los camarones en los palitos , pincelar con la sazón .
4. Asar los camarones durante 2-3 minutos por lado hasta que estén rosados.

14

Ravioles de espinaca y ricota a los cuatro quesos

Porciones: 6-8

Ingredientes para la Masa
- 400 g (3 ¼ tazas) de harina 0000 (harina para todo uso)
- 4 huevos grandes
- 1 cucharada de aceite de oliva
- 1 pizca de sal

Ingredientes para el Relleno
- 300 g (10 oz) de espinacas frescas
- 250 g (1 taza) de ricota
- 50 g (½ taza) de queso parmesano rallado
- 1 huevo
- Sal y pimienta al gusto
- Nuez moscada al gusto

Ingredientes para la Salsa de Cuatro Quesos
- 50 g (¼ taza) de manteca
- 200 ml (¾ taza) de crema de leche (nata)
- 50 g (½ taza) de queso parmesano rallado
- 100 g (1 taza) de queso mozzarella rallado
- 50 g (½ taza) de queso fontina rallado o gouda
- 50 g (½ taza) de queso azul desmenuzado (opcional para darle un toque más fuerte)
- Sal y pimienta a gusto

Preparación

Para la Masa

1. En un bol, colocar la harina y forma un hueco en el centro. Agregar los huevos, el aceite de oliva y la sal. Mezclar bien hasta que la masa esté homogénea.
2. Transferir la masa a una superficie enharinada y amasar durante 8-10 minutos hasta que esté suave y elástica. Cubrir con film plástico y dejar reposar por 30 minutos.
3. Cocinar la espinaca en agua hirviendo con sal durante 1-2 minutos. Escurrir y exprimir bien para eliminar el exceso de agua. Pica finamente.
4. En un bol, mezcla la espinaca picada, la ricota, el queso parmesano, el huevo, la sal, la pimienta y una pizca de nuez moscada. Reserva.
5. Estirar la masa: Dividir la masa en dos partes y estirar cada una con un rodillo o máquina de pasta hasta que quede bien fina.
6. Colocar el relleno: Colocar pequeñas cucharaditas de relleno sobre una lámina de masa, dejando espacio entre cada porción.
7. Cubrir con la otra lámina de masa. Presionar bien alrededor de cada porción de relleno y cortar en forma cuadrada o redonda, asegurándose de que los bordes queden bien sellados.
8. Cocinar en agua hirviendo con sal durante 3-4 minutos, o hasta que suban a la superficie.
9. En una sartén grande, derritir la manteca a fuego medio. Agregar la crema de leche y mezclar bien.
10. Añadir el queso parmesano, mozzarella, fontina y queso azul (si estás usando). Remover hasta que los quesos se derritan y la salsa esté suave. Sazonar con sal y pimienta al gusto.
11. Escurrir los Ravioles y agragarles la salsa caliente. Remover suavemente para cubrir con la salsa de cuatro quesos.
12. Servir en platos hondos y espolvorear un poco de queso parmesano extra por encima.

15

Matambre de carne arrollado

100% GLUTEN FREE

Porciones: 8 a 12

Ingredientes

- 1 matambre (rose meat le llaman en EEUU) Tambien puede ser cualquier corte de carne que pueda arrollarse
- Sal y pimienta a gusto
- Perejil y ajo picados (muchoooo)
- 1 o 2 zanahorias ralladas
- Adobo para pizza, orégano
- Queso rallado 1 taza aproximadamente
- Ajíes c/n
- Huevos duros (use 6) pero eso depende del tamaño de tu matambre
- 1 sobre de gelatina sin sabor.
- 2 cubitos de caldo de verdura

Preparación

1. Estirar el matambre en la mesa, sacar la grasa.
2. Agregar sal y pimienta, ajo y perejil picado, zanahoria rallada, queso rallado, adobo para pizza u oregano.
3. Armar una filas de huevos duros en uno de los bordes del matambre
4. Hacer filas de ajies de colores cortados en tiritas
5. Esparcir un sobre de gelatina sin sabor para que no se desarme.
6. Coser y atar con hilo.
7. Hervir en una olla con suficiente agua, que cubra el matambre por aproximadamente 2 horas o hasta que este tierno. Agregar 2 cubitos de caldo de verdura para darle sabor.
8. Servir frío o caliente!

Esta receta de matambre arrollado es un tesoro especial, legado de mi mamá, quien siempre estará en mi corazón. Aunque ya no esté físicamente conmigo, la recuerdo en cada día, en cada instante. Cada receta y cada sabor me traen de vuelta su sonrisa cálida, su dulzura y su ternura, como si estuviera a mi lado. Este matambre es mucho más que un plato: es un homenaje a su amor y una forma de sentirla cerca, siempre. Aquí comparto también un enlace a un video en su honor, con la esperanza de que en cada bocado, puedan sentir la calidez de una tradición familiar tan especial. Abrazo al cielo mi mamita linda!

Lomo de cerdo envuelto en Panceta

16

Ingredientes
- 1 lomo de cerdo
- Sal, pimienta, ajo en polvo y pimentón dulce
- 10-12 Rodajas de panceta.
- Miel en cantidad necesaria
- Aceite de Oliva

Preparación
1. Mezclar los condimentos, sal, pimienta, ajo en polvo , pimentón en un recipiente
2. Sazonar el lomo de cerdo.
3. Pincelar con miel.
4. Enroscar rodajas de panceta alrededor de todo el Lomo.
5. Colocar en una fuente para horno aceitada.
6. Cubrir con papel aluminio y cocinar en el horno a 400 Farenheit/200 Centigrados por 25 minutos, retirar el papel aluminio y cocinar al máximo unos minutos hasta dorar.

Berenjenas a la parmesana

17

Opción 100% GLUTEN FREE

Porciones: 6-8

Ingredientes

- Berenjenas: 3 grandes, cortadas en rodajas finas de 0.5 cm (alrededor de 700 g / 1.5 lb)
- Sal: 1 cucharadita para deshidratar las berenjenas, más una pizca extra para la salsa
- Aceite de oliva: 3 cucharadas (45 ml / 1.5 oz), más un poco extra para rociar
- Harina de trigo: 100 g (3/4 taza) para empanizar (puedes usar premezcla sin gluten)
- Pan rallado: 100 g (1 taza) de pan rallado italiano (puedes usar sin gluten si prefieres)
- Queso parmesano rallado: 100 g (1 taza) dividido en dos partes
- Queso mozzarella: 200 g (2 tazas) rallado o en rodajas finas
- Salsa de tomate casera o comprada: 500 ml (2 tazas)
- Ajo: 2 dientes, finamente picados
- Albahaca fresca: 1/4 taza (8-10 hojas) más algunas hojas extras para decorar
- Orégano: 1 cucharadita
- Pimienta negra molida: A gusto

Instrucciones

1. Colocar las rodajas de berenjena peladas en una bandeja y espolvorear con sal .
2. Empanizar (opcional): Si deseas una textura más crujiente, pasar las rodajas de berenjena por la harina, quitando el exceso. Después, calentar una sartén grande con un poco de aceite de oliva (1-2 cucharadas) y dorar las rodajas de berenjena por ambos lados, aproximadamente 2-3 minutos por lado. Si prefieres una versión más ligera, omitir este paso y hornear las berenjenas directamente en la salsa.
3. Preparar la salsa: En una cacerola, calentar 1 cucharada de aceite de oliva a fuego medio. Agregar el ajo picado y cocinar por 1 minuto. Incorporar la salsa de tomate, la albahaca, el orégano, la pimienta negra y una pizca de sal. Cocinar a fuego lento por 10-15 minutos, removiendo ocasionalmente.
4. Precalentar el horno a 375°F (190°C). En una fuente para horno, colocar una capa fina de salsa en el fondo. Añadir una capa de berenjenas, luego un poco de salsa, una capa de mozzarella, y espolvorear con un poco de parmesano rallado. Repartir las capas hasta terminar las berenjenas, finalizando con salsa y una generosa capa de queso parmesano y mozzarella en la parte superior.
5. Hornear: Cubrir la fuente con papel aluminio y hornear por 25 minutos. Luego, retirar el papel y hornear otros 20-25 minutos, o hasta que el queso esté dorado y burbujeante. Si deseas un acabado extra dorado, puedes gratinar durante 2-3 minutos al final.
6. Reposar y servir: Dejar reposar las berenjenas unos 10 minutos antes de servir para que los sabores se asienten. Decorar con hojas frescas de albahaca.

18

Carne rellena

100% GLUTEN FREE

Porciones: 8-12

Ingredientes

- 1 colita de cuadril, peceto o cualquier corte de carne macizo que se pueda rellenar
- 50g (6 fetas) de jamón cocido
- 1/2 zanahoria pequeña rallada
- 1 trozo de aji rojo o verde picado
- Sal, pimienta
- Ajo y perejil picado
- 1 cebolla
- 1/2 Ají preferentemente rojo
- Aceite
- 1 taza de vino blanco

Preparación

1. Hacerle un hueco a la carne en el centro.
2. Mezclar la zanahoria, el jamón picado, el ají, sal, pimienta , ajo y perejil.
3. Insertar el relleno en el hueco .
4. Cerrar con palillos y atar con hilo
5. Dorar en una olla con aceite por todos los lados.
6. Agregar la cebolla y el aji cortados en tiritas y cocinar
7. Agregar el vino blanco , y cocinar a fuego minimo por aproximadamente 45 minutos o hasta que esté tierno.

19

Cebollas moradas rellenas

100%
GLUTEN
FREE

Porciones: 6

Ingredientes
- 6 cebollas moradas
- 6 tomates secos en aceite
- 60g (1/2 taza) de pan rallado
- 80 gramos (1/2 taza) de queso rallado pamesano
- 24 almendras tostadas (opcional)
- Sal, pimienta, tomillo fresco
- Aceite de oliva

Preparación
1. Pelar las cebollas y cortar un poco los extremos (para que sirvan de base y no se vuelquen).
2. Cortar por la mitad y vaciar con cuidado, dejando las dos capas exteriores intactas.
3. Picar los trozos de cebolla que hemos vaciado y saltear en una sartén con un poco de aceite de oliva .
4. Añadir el pan rallado, los tomates secos y las almendras, ambos bien picados junto con el queso rallado.
5. Sal pimentar a gusto.
6. Rellenar las cebollas con la mezcla y cubrir con un poco más de queso rallado.
7. Colocar en una fuente para horno y rociar con aceite.
8. Horno precalentado a 400 Farenheit/200 Centígrados por 20 minutos.
9. Decorar con tomillo fresco.

20

Carne Salteada

100%
GLUTEN
FREE

Porciones 6-12

Ingredientes

- 1 Peceto de aproximadamente 1.5 kg (3 lb)
- 2 cebollas grandes lavadas sin pelar
- 2 cabezas de ajo lavadas sin pelar
- Sal, pimienta, oregano, aji molido, ajo en polvo
- 4-5 cucharadas de aceite
- 1/2 vaso de vino tinto

Preparación

1. Sazonar la carne con sal, pimienta, oregano, ají molido, ajo en polvo.
2. Colocar aceite en una olla y dorar la carne por todos los lados.
3. Poner a fuego mínimo y agregar las cebollas y los ajos enteros, sin pelar.
4. Agregar el vino tinto.
5. Cocinar por aproximadamente 1 hora tapado.

21

Ravioles de zucchini rellenos de camarones

100% GLUTEN FREE

Porciones 4

Ingredientes

- 1 Calabacín o zucchini
- 20 Camarones pelados y desveinados
- Sal, pimienta
- 1 cebolla
- 1 Diente de ajo
- Tomillo fresco
- Jugo de limón
- Aceite de oliva

Preparación

1. Calentar agua en una cacerola y ponemos las láminas de calabacín durante unos segundos.
2. Retirar y sumergir en agua helada para refrescar rapidamente
3. Extendemos y secamos.

Para el relleno

1. Picar la cebolla y dorar durante 5 minutos
2. Picar los camarones añadir a la sartén .
3. Salpimentar y rallar por encima cascara de medio limón y rehogar por 3 minutos.
4. Dejar enfriar
5. Colocar las laminas de calabacín de dos en dos haciendo una cruz.
6. Repartir el relleno colocándolo en el centro
7. Cerrar doblando los extremos para formar los ravioles.
8. Calentar una plancha y frotar el diente de ajo.
9. Engrasar con unas gotas de aceite y dorar los ravioles por las dos caras.
10. Servir y agregar aceite y decorar con tomillo y ralladura de limón .

22

Arrollado de pollo

100%
GLUTEN
FREE

Porciones 4-6

Ingredientes

- 2 pechugas de pollo
- Sal ,pimienta , ajo en polvo
- 1 sobre de gelatina sin sabor
- Ajo y perejil picado
- 1 Zanahoria grande
- 1/2 ají rojo
- 3 o 4 huevos duros
- 1 chorrito de vino blanco (opcional)

Preparación

1. Procesar las pechugas de pollo con sal, pimienta y ajo en polvo.
2. Estirar en la mesada papel film y sobre el acomodar el pollo procesado bien finito (estirar con los dedos húmedos).
3. Esparcir medio sobre de gelatina sin sabor.
4. Agregar ajo y perejil picado, oregano, adobo para pizza, zanahorias cortadas en virutas.
5. Acomodar una tirita de huevos duros cortados a la mitad y ají cortado en tiras.
6. Agregar la otra mitad de gelatina sin sabor.
7. Cerrar ayudándote con los bordes del papel film.
8. Envolver con una segunda capa de papel film.
9. Llevar a una fuente para horno con agua calculando que cubra la mitad del arrollado.
10. Cocinar en horno previamente precalentado a 400 F/200 C por 20 minutos de cada lado y si queres que se dore, podes quitarle el papel y cocinarlo unos minutos mas .

23

Pavo de Acción de Gracias (Thanksgiving)

100% GLUTEN FREE

Ingredientes para el pavo

- 1 pavo entero (4.5-5 kg / 10-12 lb)
- 1/2 taza (120 ml) de mantequilla derretida
- 1/4 taza (60 ml) de aceite de oliva
- 3 dientes de ajo machacados
- 2 cucharadas de tomillo fresco (o 1 cda seca)
- 2 cucharadas de romero fresco picado (o 1 cda seca)
- 2 cucharadas de perejil fresco picado
- Sal (1 cucharada para el pavo y 1/2 cda para el interior)
- Pimienta negra a gusto
- 1 cebolla grande, cortada en cuartos
- 2 limones, cortados por la mitad
- 2 naranjas, cortadas por la mitad
- 4 hojas de laurel
- 1 taza (240 ml) de caldo de pollo o verduras

Preparación del pavo

1. Sacar el pavo enjuagar con agua fría y secar completamente con toallas de papel.
2. Mezclar la mantequilla derretida, el aceite de oliva, ajo machacado, tomillo, romero, perejil, sal y pimienta en un bol pequeño.
3. Con cuidado, separar la piel del pavo del pecho usando tus manos y unta parte de la mezcla de mantequilla debajo de la piel. Untar el resto por todo el pavo, asegurándote de cubrirlo bien.
4. Rellenar el interior del pavo con la cebolla, limones, naranjas y hojas de laurel.
5. Dejar por unas horas o hacerlo de un día para el otro para que tome mejor sabor.
6. Precalentar el horno a 350°F/175°C.
7. Colocar el pavo en una bandeja para hornear grande con rejilla. Agregar 1 taza de caldo de pollo o verduras en la bandeja.
8. Cubrir el pavo con papel aluminio y hornear durante 3 horas. Cada 30 minutos, bañarlo con los jugos de la bandeja para mantenerlo jugoso.
9. Retirar el papel aluminio y subir la temperatura a 400°F/200°C durante los últimos 30-45 minutos para dorar la piel.
10. El pavo estará listo cuando un termómetro de cocina insertado en la parte más gruesa del pecho alcance 165°F/75°C.
11. Sacar el pavo del horno y cubrir ligeramente con papel aluminio. Dejar reposar por 30 minutos antes de cortarlo. Esto asegura que los jugos se redistribuyan y el pavo quede tierno.

Puedes acompañar este pavo con puré de papas, salsa de arándanos, vegetales asados o panecillos caseros

Galletitas

1

Galletitas de jengibre

Opción
100%
GLUTEN
FREE

24 Unidades

Ingredientes

- 300g (2 tazas) de harina común (opcional premezcla sin gluten. En las últimas paginas del libro te dejo una receta!)
- 1/2 cucharadita de bicarbonato de sodio
- 1 cucharadita de canela
- 1/2 cucharadita de jenjibre en polvo
- 1/2 cucharadita de nuez moscada
- 1/4 cucharadita de sal
- 100g (1/2 taza) de manteca sin sal a temperatura ambiente
- 100g (1 taza) de azúcar impalpable
- 1 huevo
- 35g (1 cucharada) de miel
- Para el glaseado azúcar impalpable y jugo de limón c/n

Preparación

1. Precalentar el horno a 350ºF/180ºC y preparar una bandeja con papel para hornear.
2. En un bol, batir la mantequilla y el azúcar impalpable hasta obtener una mezcla suave. Agregar el huevo y la miel y mezclar bien.
3. En otro bol, tamizar la harina, el jengibre, la canela, la nuez moscada, sal, y el bicarbonato . Incorporar esta mezcla seca a la mezcla de mantequilla, formando una masa.
4. Llevar a la heladera por un mínimo de 30 minutos.
5. Extender la masa en una superficie enharinada hasta un grosor de 0,5 cm (¼ pulgada). Cortar las galletas con moldes navideños y colocarlas en la bandeja.
6. Hornear durante 10-12 minutos o hasta que los bordes estén dorados.
7. Preparar el glaseado mezclando azúcar impalpable y unas gotas de limón hasta obtener una consistencia firme.
8. Decorar las galletas con el glaseado una vez que estén frías . Te recomiendo que , con una manga y un pico redondo pequeño, decores los ojitos, la boca y el resto de los detalles.

Masas secas Navideñas

Opción
100%
GLUTEN
FREE

40 Unidades

Ingredientes
- 100g (1 taza)azúcar impalpable
- 200g (7.1 oz)de manteca
- 2 yemas
- 1 cucharadita de esencia de vainilla
- 300g (2 tazas) de harina común (o premezcla sin gluten)
- Para decorar y rellenar : Dulce de leche , mermelada ,prepara un glasé con azúcar impalpable y unas gotas de limón y pégale unas granas de colores, azúcar impalpable chocolate cobertura

Preparación
1. Precalentar el horno a 180°C (350°F) y preparar una bandeja con papel para hornear.
2. En un bol, batir la mantequilla y el azúcar impalpable hasta obtener una mezcla suave. Agregar las yemas y mezclar bien.
3. Incorporar la harina y unir formando una masa.
4. Llevar a la heladera por un mínimo de 1 hora.
5. Extender la masa en una superficie enharinada hasta un grosor de 0,5 cm (¼ pulgada). Cortar las masitas con moldes navideños y colocarlas en la bandeja.
6. Hornear durante 10-12 minutos o hasta que los bordes estén dorados.
7. Decorar las galletas una vez que estén frías .
8. A ponerse creativos y Decorar con perlitas comestibles, granas de colores navideños , podes hacer alfajorcitos rellenos de dulce de leche o simplemente espolvorearlas con azúcar impalpable.

3

Galletitas con carita de Papa Noel

Opción
**100%
GLUTEN
FREE**

45 Unidades

Ingredientes

- 225g (1 taza) de manteca a temperatura ambiente
- 200g (1 taza) de azúcar
- 1 huevo
- 1 cucharadita de esencia de vainilla
- 450g (3 tazas) de harina 0000. (Reemplazar por premezcla sin gluten)
- 1/4 cucharadita de sal
- 1 cucharadita de polvo de hornear
- Para el glaseado azúcar impalpable con unas gotas de limón
- Colorante rojo

Preparación

1. Precalentar el horno a 180°C (350°F) y preparar una bandeja con papel para hornear.
2. En un bol, mezclar los secos: harina , sal y polvo para hornear.
3. En otro recipiente mezclar el huevo con la esencia de vainilla.
4. Batir la mantequilla a temperatura ambiente con azúcar , incorporar la vainilla con el huevo y por ultimo traer los secos.
5. Formar una masa, envolver en papel film y refrigerar por 1 hora.
6. Espolvorear la mesada con harina y estirar la masa.
7. Cortar las galletitas con cortante redondo de 5cm /2 in de diámetro.
8. Decorar el gorro rojo.
9. La barba y el pompón en blanco, caramelos o granas para la nariz y los ojitos.

Galletas de vainilla

4

30 Unidades

Ingredientes

- 110g (3.9 oz) de manteca o mantequilla
- 2 yemas
- 1/2 cucharadita de esencia de vainilla
- 80g azúcar impalpable (3/4 taza)
- 200g (1 1/2 taza) harina 0000 o harina de todo uso (opcional premezcla sin gluten)
- 10g (1 cucharada) de fécula de maíz (maicena)

Preparación

1. Precalentar el horno a 180°C (350°F).
2. Batir la mantequilla y el azúcar hasta obtener una mezcla suave. Agregar las yemas y la vainilla, y mezclar bien.
3. Incorporar la harina y la fécula.
4. Mezclar hasta formar una masa. Extender entre papel manteca y llevar a la heladera por 1 hora.
5. Cortar las Galletas. Yo use un cortante sello con formas Navideñas.
6. Colocarlas en una bandeja y hornear durante 10 minutos , no tienen que dorarse.

Galletas de Avena y Chocolate

5

Opción
100%
GLUTEN
FREE

25 Galletas

Ingredientes

- 150 g (1 ½ tazas) de avena (buscá sin gluten si es necesario)
- 150 g (1 taza) de harina 0000 o premezcla sin gluten (mirá la receta que te dejé en las ultimas paginas del libro)
- 100 g (½ taza) de azúcar
- 100 g (½ taza) de azúcar morena
- 125 g (½ taza) de mantequilla derretida
- 1 huevo
- 1 cucharadita de esencia de vainilla
- 100 g (½ taza) de chispas de chocolate

Preparación

1. Precalentar el horno a 180°C (350°F).
2. Mezclar la avena, harina, azúcar y azúcar morena.
3. Agregar la mantequilla, el huevo y la vainilla, y mezclar bien. Incorporar las chispas de chocolate.
4. Formar pequeñas bolitas y colocarlas en la bandeja de hornear.
5. Hornear durante 10-12 minutos, hasta que estén doradas en los bordes.

6

Kourambiedes

Opción
100% GLUTEN FREE

20-25 Galletas

Ingredientes

- 250 g (1 taza) de mantequilla a temperatura ambiente
- 80 g (½ taza) de azúcar glas
- 1 yema de huevo
- 1 cucharadita de esencia de vainilla
- 300 g (2 tazas) de harina 0000 (o premezcla sin gluten)
- 50 g (½ taza) de almendras tostadas y picadas
- Azúcar impalpable para decorar

Preparación

1. Precalentar el horno a 180°C (350°F).
2. Batir la mantequilla con el azúcar glas hasta que esté cremosa.
3. Agregar la yema y la esencia de vainilla.
4. Añadir la harina y las almendras, mezclando hasta que se forme una masa.
5. Formar bolitas y colocarlas en una bandeja de hornear. Hornear durante 15-18 minutos.
6. Dejar enfriar y espolvorear generosamente con azúcar impalpable.

Galletas de Canela y Jengibre

7

Opción
100%
GLUTEN
FREE

25 Galletas

Ingredientes

- 250 g (2 tazas) de harina 0000 (o premezcla sin gluten)
- 150 g (¾ taza) de azúcar morena
- 125 g (½ taza) de mantequilla a temperatura ambiente
- 1 huevo
- 2 cucharaditas de canela en polvo
- 1 cucharadita de jengibre en polvo
- ½ cucharadita de clavo molido
- ½ cucharadita de sal
- ½ cucharadita de bicarbonato de sodio

Preparación

1. Precalentar el horno a 350°F/180°C y preparar una bandeja con papel para hornear.
2. Batir la mantequilla y el azúcar hasta obtener una mezcla cremosa. Agregar el huevo y mezclar bien.
3. En un tazón aparte, tamizar la harina, la canela, el jengibre, el clavo, la sal y el bicarbonato. Incorporar esta mezcla a la crema de mantequilla y azúcar hasta formar una masa.
4. Estirar la masa con un grosor de 0,5 cm (¼ pulgada) en medio de papel film.
5. Refrigerar la masa por 15 minutos.
6. Cortar las galletitas con cortantes de formas navideñas.
7. Acomodar las galletas en la bandeja.
8. Hornear por 10-12 minutos o hasta que las galletas estén doradas en los bordes. Dejar enfriar.

8

Galletas de almendras

100%
GLUTEN
FREE

25 Galletas

Ingredientes

- 2 claras de huevo
- 1 cucharadita de sal
- 100 g de miel de maple o miel común (1/2 taza)
- 1/2 cucharadita de esencia de vainilla
- 1/4 cucharadita extracto de almendras
- 210g de harina de almendras
- 150g de almendras

Preparación

1. Precalentar el horno a 350°F/180°C y preparar una bandeja con papel para hornear.
2. Colocar en un bol 1 clara, sal ,miel de maple, extracto de almendras y esencia de vainilla. Batir muy bien hasta que cambie de color.
3. Agregar la harina de almendras y revolver hasta incorporar.
4. Dejar descansar 15 minutos.
5. En un recipiente aparte batir la otra clara ligeramente.
6. Armar las galletitas haciendo bolitas con las manos húmedecidas .
7. Las pasamos por la clara y después por almendras picadas o fileteadas.
8. llevar al horno por 30 minutos.

9

Galletas de nuez

Opción
100%
GLUTEN
FREE

20 Galletas

Ingredientes

- 120g (4.3 oz) de manteca o mantequilla sin sal a temperatura ambiente
- 150g (3/4 taza) de azúcar
- 1 huevo
- 100g (1 1/2 taza) de nueces picadas
- 1 cucharadita de esencia de vainilla
- 200g de harina leudante (o harina común más 1 1/2 cucharadita de polvo de hornear) (opcional utilizar premezcla sin gluten y 1 1/2 cucharadita de polvo de hornear)
- 1/2 cucharadita de bicarbonato de sodio
- 1 pizca de sal
- Opcional: cubierta crocante: 3 cucharadas de nueces picadas (sacamos del total anterior) y 2 cucharadas de azúcar

Preparación

1. Precalentar el horno a 350°F/180°C y preparar una bandeja con papel para hornear.
2. Mezclar la mantequilla a temperatura ambiente con azúcar , agregar el huevo y la esencia de vainilla.
3. Picar las nueces y agregarlas a la preparación.
4. Incorporar harina (o premezcla sin gluten), polvo para hornear , sal y bicarbonato de sodio, armar la masa.
5. Enrollar en forma cilíndrica, envolver en papel film y refrigerar por una hora.
6. Cortar las galletas con cuchillo y acomodar en la bandeja.
7. Opcional cubierta crocante, mezclar azúcar con nueces picadas y colocar encima de las galletas, presionar con los dedos.
8. Hornear por 15 minutos.

10

Galletas de limón

Opción 100% GLUTEN FREE

25 Galletas

Ingredientes

- 250 g (2 tazas) de harina 0000 o premezcla sin gluten
- 125 g (½ taza) de mantequilla a temperatura ambiente
- 100 g (½ taza) de azúcar
- 1 huevo
- Ralladura de 1 limón
- 2 cucharadas de Jugo de limón
- 1 cucharadita de esencia de vainilla
- Azúcar glas para decorar (opcional)

Preparación

1. Precalentar el horno a 350°F/180°C y preparar una bandeja con papel para hornear.
2. Batir la mantequilla y el azúcar hasta obtener una mezcla suave y esponjosa.
3. Agregar el huevo, la ralladura y el jugo de limón, y la esencia de vainilla. Mezclar bien.
4. Incorporar la harina (o premezcla) y mezclar hasta formar una masa. Refrigerar la masa por 15 minutos.
5. Formar bolitas de masa y colocarlas en la bandeja de hornear.
6. Hornear durante 10-12 minutos o hasta que los bordes estén dorados. Dejar enfriar y espolvorear con azúcar glas si se desea.

Las galletas para Papa Noel

Opción 100% GLUTEN FREE

11

36 Galletitas

Ingredientes

- 400 g (2 tazas) de harina de trigo o mezcla de harina sin gluten
- 2 cucharaditas de bicarbonato de sodio
- 1 cucharadita de sal
- 227g (1 1/2 taza) de mantequilla, a temperatura ambiente
- 150 g (3/4 taza) de azúcar blanca
- 100 g (3/4 taza) de azúcar moreno
- 1 cucharadita de esencia de vainilla
- 2 huevos grandes
- 340 g (1 1/2 taza) de chispas de chocolate semi-amargo o al gusto

Preparación

1. Precalentar el horno a 375°F/188°C y cubrir una bandeja para hornear con papel manteca o plancha de silicona.
2. En un bol mezclar la harina, bicarbonato y sal.
3. En otro bol, batir la mantequilla con el azúcar blanca y el azúcar moreno hasta que la mezcla esté suave y cremosa.
4. Agregar el huevo y la esencia de vainilla, y batir hasta que estén bien incorporados.
5. Añadir la mezcla de ingredientes secos y mezclar hasta formar una masa homogénea.
6. Incorporar las chispas de chocolate y mezclar suavemente.
7. Con una cuchara, formar bolitas de masa y colocarlas en la bandeja, dejando espacio entre ellas.
8. Hornear de 7-9 minutos, o hasta que los bordes estén dorados y el centro aún suave.
9. Dejar enfriar en la bandeja por unos minutos y luego transferir a una rejilla para que se enfríen por completo.

Polvorones mixtos

100% GLUTEN FREE

30 Polvorones

Ingredientes

- 200 g (7.1 oz) Manteca o mantequilla sin sal a temperatura ambiente
- 200g (1 1/2 taza) de azúcar impalpable o azúcar Glass
- 1 cucharadita de esencia de vainilla
- 1 huevo
- 480g (3 3/4 taza) de harina leudante (opción premezcla sin gluten con 1 cucharadita de polvo de hornear)
- 20g (3 1/2 cucharadas) de cacao amargo
- 2 cucharadas de leche

Preparación

1. Precalentar el horno a 350°F/180 °C y cubrir una bandeja para hornear con papel manteca o plancha de silicona.
2. En un bol batir la mantequilla con el azúcar impalpable hasta que la mezcla esté suave y cremosa.
3. Agregar el huevo y la esencia de vainilla.
4. Por ultimo añadir la harina y mezclar hasta formar una masa .
5. Dividir en 2.
6. A una parte agregarle cacao amargo y leche. La otra parte queda de vainilla.
7. Hacemos dos rollos y los unimos.
8. Cortamos los polvorones
9. Hornear por 10 minutos.
10. Dejar enfriar en la bandeja por unos minutos .

126

Galletas rellenas con dulce

Opción
100%
GLUTEN
FREE

15-20 Galletas dobles

Ingredientes

- 250 g (2 tazas) de harina o mezcla de harina sin gluten
- 150 g (3/4 taza) de mantequilla a temperatura ambiente
- 100 g (1/2 taza) de azúcar
- 1 huevo
- 1 cucharadita de esencia de vainilla
- 150 g (2/3 taza) de dulce de leche, mermelada o membrillo

Preparación

1. Precalentar el horno a 350 °F/180 °C .
2. Batir la mantequilla con el azúcar hasta obtener una mezcla cremosa.
3. Agregar el huevo y la esencia de vainilla.
4. Incorporar la harina hasta formar una masa homogénea.
5. Extender la masa y cortar las galletas de forma redonda o con cortantes navideños .
6. A una parte de las galletas (la mitad) cortarles con un cortante más pequeño en el centro.
7. Colocar en una bandeja y hornear por 10-12 minutos.
8. Dejar enfriar y luego rellenar con dulce de leche, mermelada o membrillo uniendo las dos mitades.

14

Galletas especiadas

Opción 100% GLUTEN FREE

25-30 Galletas

Ingredientes

- 250 g (2 tazas) de harina 0000 o premezcla de harina sin gluten
- 150 g (3/4 taza) de mantequilla
- 100 g (1/2 taza) de azúcar morena
- 1 huevo
- 1 cucharadita de canela
- 1/2 cucharadita de jengibre en polvo
- 1/2 cucharadita de nuez moscada
- Para el glaseado (opcional): azúcar impalpable o glas y unas gotas de jugo de limón

Preparación

1. Precalentar el horno a 350 ºF/180 ºC .
2. Batir la mantequilla con el azúcar morena hasta obtener una mezcla suave.
3. Agregar el huevo y mezclar bien.
4. Incorporar la harina , junto con la canela, el jengibre y la nuez moscada y amasar hasta formar una masa.
5. Extender la masa y cortar en formas deseadas.
6. Colocar en una bandeja y hornear durante 12-15 minutos.
7. Opcional: Decorar con glasé (azúcar glas y unas gotas de jugo de limón).

15

Galletitas de chocolate craqueladas

Opción

100%
GLUTEN
FREE

20-25 Galletitas

Ingredientes

- 200 g (1 taza) de azúcar
- 60 g (1/4 taza) de mantequilla derretida
- 60 g (1/2 taza) de cacao en polvo
- 200 g (1 2/3 tazas) de harina 0000 (la mas refinada que consigas) o mezcla de harina sin gluten
- 1 cucharadita de polvo de hornear
- 2 huevos
- Azúcar glas para cubrir

Preparación

1. Precalentar el horno a 350 °F/180 °C .
2. Mezclar la mantequilla derretida, el azúcar y huevos.
3. Añadir el cacao, harina y polvo de hornear.
4. Formar una masa, sin amasar.
5. Formar bolitas y pasarlas por azúcar glas.
6. Acomodar las galletas en una fuente para horno enmantecada o con papel manteca.
7. Hornear por 12 minutos.

16

Opción
100% GLUTEN FREE

Masitas de manga

30 Aproximadamente y dependiendo del tamaño

Ingredientes

- 200g (1 taza) de manteca o mantequilla sin sal a temperatura ambiente
- 150g (3/4 taza) de azúcar
- 2 cucharaditas de esencia de vainilla
- 1 huevo
- 200g (1 1/2 taza) de harina común o premezcla sin gluten
- 120g (3/4 taza) de maicena
- 1 pizca de sal
- Para decorar chocolate cobertura y nueces picadas

Preparación

1. Batir la mantequilla a temperatura ambiente con , azúcar y esencia de vainilla.
2. Agregar el huevo, continuar batiendo.
3. Por ultimo incorporar los secos : harina, maicena y sal.
4. Batir con batidora hasta formar la masa.
5. Llevar a una manga de repostería con un pico rizado grande y darles forma a las masitas sobre una placa con papel manteca o plancha de silicona.
6. Hornear a 350 °F/180 °C por 10 minutos. No se tienen que dorar.
7. Decorar cuando estén frías.
8. Derretir el chocolate y sumergir un extremo de la masita en él.
9. Agregar nueces picadas y disfrutar!

17

Pepas Navideñas sin azúcar

100%
GLUTEN
FREE

12 Galletas

Ingredientes

- 75 g (2.6 oz)de mantequilla sin sal
- 2 cucharadas de fruta del monje o 1/4 cucharadita de stevia en polvo
- 1 yema
- 1 cucharadita de esencia de vainilla
- Ralladura de limón
- 120g (1taza) de maicena
- 1 cucharadita de polvo para hornear
- 40 cc (1/4 taza) de bebida vegetal (Almendras, avena) o leche común
- Membrillo o mermelada c/n

Preparación

1. Batir con batidor de mano la mantequilla a temperatura ambiente con el endulzante de tu preferencia.
2. Agregar la yema y la esencia de vainilla , la ralladura de limón y revolver.
3. Incorporar fécula de maíz y unir.
4. Por último agregar la bebida vegetal.
5. Hacer bolitas con las manos formando las pepas.
6. Hacerle un hueco en el medio con la yema de los dedos y agregar membrillo o mermelada.
7. Llevar al horno previamente precalentado a 350 F/180 C por 15 minutos.

18

Galletas de azúcar

Opción 100% GLUTEN FREE

24 Galletas

Ingredientes

- 240 g (2 tazas) de harina de trigo (puedes sustituir por mezcla de harina sin gluten para hacerlas aptas para celíacos)
- 100 g (½ taza) de azúcar
- 112 g (½ taza) de mantequilla, a temperatura ambiente
- 1 huevo grande
- 1 cucharadita de extracto de vainilla
- 1 cucharadita de polvo de hornear
- 1 pizca de sal
- Azúcar extra para espolvorear

Instrucciones

1. En un bol grande, batir la mantequilla y el azúcar hasta que estén cremosos y suaves.
2. Agregar el huevo y el extracto de vainilla, y mezclar hasta integrar completamente.
3. En otro recipiente, tamizar la harina, el polvo de hornear y la pizca de sal. Poco a poco, añadir estos ingredientes secos a la mezcla de mantequilla y azúcar, batiendo hasta que se forme una masa homogénea y suave. Si la masa está un poco pegajosa, puedes añadir una pequeña cantidad de harina.
4. Cubrir la masa con papel film y refrigerar durante al menos 30 minutos.
5. Precalentar el horno a 350 °F/180 °C. Enharinar ligeramente una superficie y estirar la masa hasta que tenga aproximadamente 0,5 cm (¼ de pulgada) de grosor.
6. Cortar las galletas con cortadores de la forma que desees y colocarlas en una bandeja de horno cubierta con papel para hornear.
7. Espolvorear un poco de azúcar extra sobre las galletas antes de hornear para darles un toque de dulzura y textura.
8. Hornear durante 8-10 minutos, o hasta que los bordes comiencen a dorarse ligeramente. Retirar del horno y dejar enfriar en la bandeja durante unos minutos antes de transferirlas a una rejilla para que se enfríen completamente.
9. Si deseas darles un toque extra, puedes decorarlas con glaseado o chispas de colores una vez que estén completamente frías.

19

Galletitas chai
Las Favoritas de Taylor Swift

Opción
100%
GLUTEN
FREE

10-12 Galletas

Ingredientes

- 112 g (1/2 taza) de Manteca O mantequilla a temperatura ambiente
- 100 ml (1/3 taza) de aceite
- 50 g (6 1/2 cucharadas) de azúcar impalpable
- 60 g (1/4 taza)de azúcar común
- 1 huevo
- 1/2 cucharadita de esencia de vainilla
- un saquito de té de Chai
- 240 g (2 tazas) de harina de todo uso
- 1 /2 cucharadita de bicarbonato de sodio
- una pizca de sal
- Para el Glaseado: 50 g (6 1/2 cucharadas) de azúcar impalpable , 1/2 cucharadita de nuez, moscada ,1/2 cucharadita de canela y 1 1/2 cucharadita de leche

Preparación

1. Mezclar la manteca o mantequilla a temperatura ambiente con aceite.
2. Agregar azúcar impalpable y azúcar común.
3. Incorporar un huevo ,esencia de vainilla y mezclar muy bien.
4. Agregar un saquito de té de Chai y la harina junto con el bicarbonato y una pizca de sal.
5. Llevar al freezer por 15 minutos
6. Precalentar el horno a 350 F/180 C.
7. Formar las galletitas con una cuchara.
8. Acomodarlas en una placa para horno con papel manteca y hornear por 10 a 12 minutos .
9. Dejar descansar por 15 minutos.
10. Decorar con el glaseado que preparamos mezclando azúcar impalpable, nuez moscada canela y leche.

20

Galletitas de vainilla sin gluten

100% GLUTEN FREE

20 Galletitas

Ingredientes

- 120 g (1 taza) de harina de almendras
- 120 g (1 taza) de mezcla de harina sin gluten (asegúrate de que sea apta para repostería, buscá mi receta al final del libro)
- 100 g (½ taza) de azúcar
- 112 g (½ taza) de mantequilla, a temperatura ambiente
- 1 huevo grande
- 2 cucharaditas de extracto de vainilla
- 1 cucharadita de polvo de hornear sin gluten
- Una pizca de sal

Preparación

1. En un bol grande, batir la mantequilla y el azúcar hasta obtener una mezcla cremosa y esponjosa. Añadir el huevo y el extracto de vainilla, y mezclar bien hasta que todo esté integrado.

2. En otro recipiente, mezclar la harina de almendra, la harina sin gluten, el polvo de hornear y la sal. Poco a poco, agregar esta mezcla de ingredientes secos a la mezcla de mantequilla y huevo, hasta que se forme una masa suave.

3. Cubrir la masa con papel film y refrigerar por al menos 30 minutos. Este paso es crucial para que las galletas mantengan su forma y no se expandan demasiado al hornearse.

4. Precalentar el horno a 350 °F/180 °C . En una superficie ligeramente enharinada (con la harina sin gluten), estirar la masa hasta que tenga un grosor de 0,5 cm (¼ de pulgada). Cortar con cortadores de la forma que prefieras y colocar las galletas en una bandeja forrada con papel para hornear.

5. Hornear durante 8-10 minutos, o hasta que los bordes estén apenas dorados. Al ser sin gluten, las galletas pueden ser un poco más frágiles, así que retíralas con cuidado del horno y déjalas enfriar unos minutos en la bandeja antes de transferirlas a una rejilla.

6. Opcional: Si quieres darles un toque extra, puedes espolvorear un poco de azúcar glas por encima o decorarlas con glaseado una vez frías.

Casita de jengibre

100% GLUTEN FREE

Ingredientes

- 450 g (3 tazas) Harina 0000
- 150 g (3/4 taza) Azúcar morena
- 100 g (1/2 taza) Manteca o mantequilla
- 1 Huevo
- 160 g (1/2 taza + 1 cucharada) de melaza
- 1 cucharadita de esencia de vainilla
- 2 cucharaditas de jengibre en polvo
- 1/2 cucharadita de canela
- 1 cucharadita de nuez moscada
- 1/2 cucharadita de sal
- 1/2 cucharadita de bicarbonato de Sodio
- Glaseado: 1 taza de azúcar impalpable o glass con unas gotas de jugo de limón

Preparación

1. Precalentar el horno a 350ºF/180 ºC y cubrir una bandeja para hornear con papel manteca o plancha de silicona.
2. En un bol, batir la mantequilla con el azúcar morena hasta que la mezcla esté suave y cremosa.
3. Agregar el huevo y la esencia de vainilla hasta integrar.
4. Incorporar la melaza.
5. Por otro lado mezclar la harina junto con el jengibre en polvo, la canela, la nuez moscada, la sal y el bicarbonato de sodio.
6. Tamizar sobre la preparación e integrar con la ayuda de una espátula.
7. Por ultimo añadir la harina y mezclar hasta formar una masa .
8. Envolverla en papel film y refrigerar por dos o tres horas antes de usar.
9. Estirar la masa de unos 5 mm de espesor sobre una mesada espolvoreada con harina y cortar las formas deseadas. (el molde está en la próxima página)
10. Transferir las piezas cortadas a una placa con un papel antiadherente o una plancha de silicona, dejando unos centímetros entre cada una.
11. Cocinar en un horno precalentado a 350ºF/180ºC por entre 10 y 15 minutos.
12. Dejar enfriar y armar.
13. Para el glaseado mezclar azúcar glass con unas gotas de limón hasta lograr la consistencia deseada.

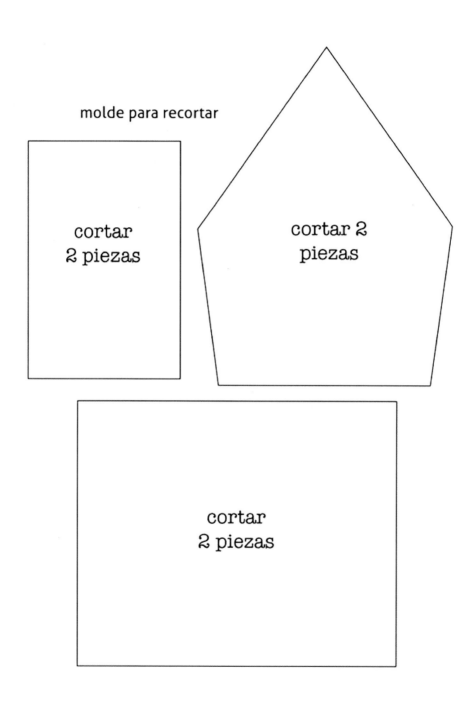

molde para recortar

cortar
2 piezas

cortar 2
piezas

cortar
2 piezas

140

Mesa Dulce

142

1

Postre helado almendrado

100% GLUTEN FREE

Porciones: 6 - 8

Ingredientes

- 500g (2 tazas) de crema de leche
- 3 cucharadas de azúcar
- 1 cucharadita esencia de vainilla
- 200ml (3/4 taza) de leche condensada
- 1/4 taza de almendras
- 1/2 taza de almendras fileteadas

Para la garrapiñada

- 100g (1/2 taza) de azúcar
- 140g (1 taza) de almendras naturales
- 80 cc (1/2 taza) de agua

Preparación

1. Batir la crema de leche, con la esencia de vainilla y la azúcar a punto medio.
2. Agregar la leche condensada, almendras enteras y fileteadas y revolver.
3. Cubrir una budinera de 23cm x 13.5 cm/9 x 5 in con film y colocar la preparación.
4. Tapar con film y llevar al freezer toda la noche.
5. En una olla colocamos las almendras con el azúcar y cocinamos a fuego medio hasta que se formen las garrapiñadas.
6. Dejar enfriar en papel manteca.
7. Picar las garrapiñadas.
8. Traer el helado y pegarle en los bordes la garrapiñada triturada.

2

Porciones: 10

Ingredientes

- 200g (2 tazas) de galletas de vainilla
- 60g (1/4 taza) de manteca o mantequilla sin sal derretida
- 70g (1/2 taza de azúcar morena
- 4 paquetes de 226g (c/u) (8oz) de queso Philadelphia o similar a temperatura ambiente.
- 200g (1 taza) de azúcar blanco
- 200g (1 taza) de queso crema tipo mendicrim o crema agria
- 4 huevos a temperatura ambiente
- Canela (Opcional)
- 1 cucharadita de Esencia de vainilla
- 1 paquete de gelatina de frutilla, frambuesa o cereza
- 200 ml de crema de leche
- Frutillas (fresas) c/n

Preparación

1. Triturar las galletas y colocarlas en la base de un molde de 23 cm/9 in aceitado, junto con el azúcar morena y la mantequilla derretida. Presionamos bien sobre la base.
2. Batimos el queso crema philadelphia a temperatura ambiente con el azúcar con batidora.
3. Agregar el queso crema blando o crema agria y continuar batiendo.
4. Agregar los huevos de a uno, la canela y la esencia de vainilla sin parar de batir.
5. Verter la preparación en el molde encima de las galletas.
6. Hornear a 360 F 180 F por 50 minutos.
7. Dejar enfriar.
8. Preparar la gelatina según las instrucciones de la cajita y refrigerar.
9. Una vez frio el cheesecake preparar una crema chantilly, con crema de leche y azúcar batiendo hasta que este firme y colocar arriba .
10. Decorar con frutillas frescas.
11. Una vez que la gelatina este un poco solidificada la colocamos encima de las frutillas.
12. Refrigerar y Disfrutar.

3

Tarta de chocolate

Porciones: 10

Ingredientes
- 100g (1 taza) de Manteca o mantequilla blanda
- 100g (1/2 taza) de azúcar
- 1 huevo
- 250g (1 1/2 taza) de harina leudante

Relleno
- 250g (10 barritas) de chocolate
- Un trozo de manteca o mantequilla
- 250g (1 taza) de dulce de leche
- 150 g (3/4 taza) de crema de leche

Preparación
1. Batir la mantequilla con el azúcar a punto pomada.
2. Agregar 1 huevo y por último la harina y formar una masa sin amasar.
3. Colocar 20 minutos en la heladera, estirar y forrar la base de una tartera de 26 cm /10 in
4. Pinchar con tenedor y hornear a 250 F/180 C por 20 Minutos o hasta que este dorada en los bordes.
5. Derretir el chocolate a baño Maria junto con la manteca.
6. Agregar el dulce de leche y por último la crema, revolviendo sin batir.
7. Colocar arriba de la tarta.
8. Dejar enfriar y decorar con cacao en polvo o nueces picadas.

4

Flan casero muy fácil

100% GLUTEN FREE

Porciones: 12

Ingredientes caramelo
- 1 taza de azúcar
- 1/2 taza de agua

Flan
- 4 huevos
- 1 lata de leche condensada
- 1 1/2 lata de leche
- 1/2 lata de agua caliente
- Esencia de vainilla

Preparación
1. Colocar el azúcar y agua en la flanera y cocinar hasta formar un caramelo.
2. Mover la flanera para que el caramelo cubra por los bordes de ésta.
3. En un bol mezclar los huevos con la leche condensada y la esencia de vainilla.
4. Utilizaremos la lata de leche condensada vacía como medidor.
5. Agregar la leche y el agua caliente. Mezclar.
6. Verter en la flanera .
7. Cocinar a baño Maria en el horno a 350F/180C por una hora.
8. Servir con crema chantilly y dulce de leche.

5

Garrapiñadas caseras

100% GLUTEN FREE

Porciones: Aproximadamente 2 tazas de garrapiñadas

Ingredientes
- 200 g (1 ½ tazas) de maní crudo sin sal
- 200 g (1 taza) de azúcar
- 125 ml (½ taza) de agua
- 1 cucharadita de esencia de vainilla (opcional)

Preparación
1. En una sartén grande o cacerola de fondo grueso, colocar el maní, el azúcar, el agua y la esencia de vainilla (si estás usando).
2. Cocinar a fuego medio, revolviendo constantemente con una cuchara de madera para que el azúcar no se queme y se mezcle bien con el maní.
3. Cuando el agua comience a evaporarse, verás que la mezcla de azúcar se espesa y se adhiere al maní. Sigue revolviendo para que el maní se caramelice de manera uniforme.
4. Continuar cocinando y revolviendo hasta que el azúcar comience a cristalizarse y luego a derretirse nuevamente, formando un caramelo más oscuro y brillante.
5. Cuando todos estén bien caramelizados, retirar la sartén del fuego y esparcir las garrapiñadas sobre una bandeja o superficie plana con papel de horno.
6. Dejar enfriar completamente antes de disfrutar o almacenar en un frasco hermético.

5

Porciones: 10

Ingredientes

- 5 claras de huevo
- 275g (1 1/2 taza) de azúcar
- Unas gotitas de jugo de limon
- 3 cucharadas de fécula de maíz (Maicena)
- Para la crema chantilly use:
- 200g de crema de leche (2/3 taza)
- 3 cucharadas de azúcar
- 1 cucharadita de esencia de vainilla

Preparación

1. Precalentar el horno muy bajo a 230F/115 C
2. Batir las claras, agregando el azúcar en forma de lluvia y el jugo de limón, hasta formar un merengue bien firme
3. Agregar la maicena e integrar con una espatula.
4. Llevamos a una placa para horno con papel manteca y acomodar en forma redonda, también se pueden hacer varios de tamaño individual.
5. Hornear por una hora, tiene que quedar crocante por fuera y tierno por dentro.
6. Dejar enfriar.
7. Preparar una crema chantilly batiendo la crema con azúcar y esencia de vainilla.
8. Una vez fría , poner la crema encima y agregar las frutas de tu preferencia. Yo usé frutos rojos.
9. Decorar con unas hojas de menta.

Postre de bananas y dulce de leche

6

Porciones: 12

Ingredientes

- 200g de galletas de vainilla (24 unidades aprox.) Buscá galletas sin gluten si lo preferís
- 100g (3.5 oz) de manteca o mantequilla
- 3 bananas
- 200/400g (1-2 tazas) de dulce de leche tradicional
- 250g (1 taza) de crema de leche
- 2 cucharadas de azúcar
- Chocolate para decorar c/n

Preparación

1. Triturar las galletas y colocar en la base de una tartera o molde junto con mantequilla derretida. Presionar.
2. Llevar al freezer por 25 minutos.
3. Retirar y untar dulce de leche
4. colocar las bananas en rodajas.
5. Batir la crema y azúcar hasta que este firme.
6. Colocar la crema por arriba.
7. Decorar con chocolate rallado.
8. Refrigerar y consumir bien frio!

7

Tarta de frutillas con gelatina

Porciones: 10-12

Ingredientes

- 100g de manteca o mantequilla sin sal a temperatura ambiente (1/2 taza)
- 100g de azúcar (1/2 taza)
- 2 cucharaditas esencia de vainilla
- 250g de harina leudante (1 1/2 taza)
- 1 huevo
- 1 paquete de gelatina de sabor frutilla, frambuesa o cereza
- 200 ml de crema de leche (1 taza)
- 2 cucharadas de azúcar
- Frutillas o fresas c/n (20 aproximadamente)

Preparación

1. Batir mantequilla sin sal a temperatura ambiente con azúcar .
2. Agregar el huevo y esencia de vainilla.
3. Incorporar la harina y formar una masa sin amasar.
4. Refrigerar por media hora en una bolsa plastica.
5. Preparamos la gelatina según las instrucciones del envase y llevamos a la heladera.
6. Estirar la masa y colocarla en una tartera enmantecada y enharinada de 23cm/9 in. Pinchar .
7. Cocinar en horno previamente precalentado a 350F/180 C por 25 minutos.
8. Batir la crema con el azúcar hasta que esté firme.
9. Una vez que la masa se enfrió esparcir la crema, acomodar las frutillas cortadas a la mitad.
10. Poner la gelatina por encima una vez que la gelatina este casi lista.
11. Refrigerar.

8

Porciones: 3 Panettones de medio kilo (1 lb)

Ingredientes
Prefermento
- 150g (1 taza)de harina
- 45g (3 cucharadas) de azúcar
- 1 sobre (7g) de levadura seca o 25 g de fresca
- 240cml (1 taza) de leche

Masa
- 500g (4tazas) de harina
- 3 huevos + 2 yemas
- 80g (1/3 taza + 1 cucharadita) de azúcar
- 140g (1/2 taza) de manteca o mantequilla
- 1 cda de ralladura de naranja
- 1 cda de miel
- 1 cucharadita esencia de vainilla
- 1 cucharadita de sal
- 1 cucharada de levadura seca
- Fruta abrillantada (remójala en licor unas horas), Pasas de uva (remójalas en licor),Nueces a gusto, Almendras a gusto, Nueces pecanas a gusto, Avellanas a gusto, Castañas a gusto

Para el glaseado
- 1 taza de azúcar impalpable +jugo de 1/2 limón

Preparación
1. Preparar el prefermento , con leche tibia, levadura seca, harina y azúcar , dejar levar y bajar 3 veces.
2. En un bol poner la harina, hacer un hueco en el centro y agregar los huevos, ralladura de naranja, miel, esencia de vainilla, y en un lado del borde la levadura seca con el azúcar y en el otro la sal.
3. Integrar y amasar energicamente por 10 minutos .
4. Agregar la manteca o mantequilla a temperatura ambiente y continuar amasando sin agregar harina.
5. Estirar en la mesada aceitada y agregar todas las frutas que deseemos.
6. Enroscar ,Dejar levar hasta que duplique su volumen.
7. Dividir en 3 y poner dentro de los moldes.
8. Dejar levar nuevamente.(90 min aproximadamente).
9. Pincelar con leche , poner un cuadradito de manteca y hornear por 40 minutos a 350 F /180C. (pinchar y cuando sale seco ya está).
10. Preparar un glaseado con azúcar impalpable y limón, bañar por arriba y decorar con frutas abrillantadas y/o secas.

09

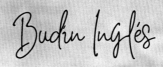

Budín Inglés

Porciones: 12

Ingredientes

- 200g (1 taza)de manteca o mantequilla sin sal
- 100g (1/2 taza)de azúcar
- 4 huevos
- 1 cucharada de miel
- Ralladura de 1 limón
- 1 cucharada de esencia de vainilla
- 300g (3/4 taza) de harina 0000 (o premezcla sin gluten)
- 2 cucharaditas de polvo de hornear
- 100g de frutos secos
- 50g de fruta abrillantada remojada en licor
- 50g de pasas de uva remojada en licor (ej coñac)
- Para el glaseado azúcar impalpable c/n y jugo de limón c/n
- Frutas extra para decorar

Preparación

1. Batir mantequilla sin sal a temperatura ambiente con azúcar hasta cremar.
2. Agregar los huevos de a uno sin parar de batir.
3. Incorporar esencia de vainilla, ralladura de limón y miel. Continuar batiendo
4. Agregar la harina y polvo de hornear y por último las frutas, nueces, etc.
5. Verter la preparación en una budinera enmantecada y enharinada.
6. Llevar al horno previamente precalentado a 350F/180C por 45 minutos o hasta que al pinchar el cuchillo salga seco.
7. Preparar un glaseado con azúcar glas y jugo de limón.
8. Decorar con más frutas, abrillantadas y secas.

10

Pionono sin Gluten

Porciones: 10

Ingredientes

- 4 huevos
- 100g 1/2 taza) de azúcar
- 100g (3/4 taza) de fécula de maíz (maicena)
- 1 cucharadita de esencia de vainilla
- Dulce de leche repostero 500g (1 lb) aprox.
- Azúcar impalpable c/n para decorar

Preparación

1. Separar las yemas y las claras.
2. Batir las claras con la mitad del azúcar hasta que estén bien firmes.
3. Batir las yemas con la otra mitad del azúcar hasta blanquear.
4. Agregar la esencia de vainilla.
5. Incorporar maicena a las yemas revolviendo con una espátula de silicona.
6. Por último incorporar las claras en forma envolvente.
7. Llevar a una placa de 25cm x 40cm/ 9 x 15 in enmantecada y enharinada (con maicena) estirar muy bien.
8. Hornear a 350 F/180 C por 15 minutos.
9. Una vez frío untar con dulce de leche y enroscar.
10. Espolvorear con azúcar glas para decorar.

11 Frutillas bañadas en chocolate

100% GLUTEN FREE

Porciones: 12

Ingredientes
- 12 Frutillas o fresas
- 250g (1 taza) aprox. de chocolate cobertura semi amargo
- Chocolate blanco o de colores para decorar
- Granas de colores (opcional)

Preparación
1. Derretir el chocolate en el microondas al 50% de potencia en intervalos de 30 segundos para que no se queme.
2. Sumergir las frutillas en el chocolate sosteniendo el cavito y sacudir para retirar el excedente.
3. Dejar secar en papel manteca.
4. Derretir chocolate blanco en el microondas de la misma manera y si es necesario agregarle un chorrito de aceite.
5. Sumergir una cuchara en el chocolate blanco y hacer tiritas sobre la frutilla con el chocolate negro completamente seco.
6. Decorar con granas de colores mientras esta fresco el chocolate si se desea.

12

Porciones: 10-12

Ingredientes base (bizcocho)
Para opción tradicional
- 4 huevos
- 120 g (1 taza) de harina 0000 (la mas refinada que consigas)
- 120 g (½ taza) de azúcar común

Para opción sin gluten
- 4 huevos
- 120 g (1 taza) de harina de almendras o mezcla sin gluten para repostería
- 120 g (½ taza) de azúcar

Relleno
- 500 g (2 tazas) de queso mascarpone
- 300 ml (1¼ tazas) de crema para batir
- 100 g (½ taza) de azúcar
- 3 yemas de huevo
- 2 cucharadas de licor de café o amaretto (opcional)
- 2 tazas de café fuerte, frío (para mojar el bizcocho)
- Cacao en polvo para espolvorear al final
- Un molde redondo desmontable de 22 a 24 cm de diámetro.

Preparación
- Precalentar el horno a 180°C (350°F). Engrasar y enharinar el molde.
- Batir los huevos con el azúcar hasta que tripliquen su volumen y la mezcla esté clara y espumosa. Incorporar la harina tamizada (o harina sin gluten) poco a poco, mezclando suavemente con una espátula.
- Verter la mezcla en el molde y hornear durante 15-20 minutos o hasta que el bizcocho esté dorado y al pincharlo con un palillo, este salga limpio. (Opcional: comprar vainillas y utilizarlas en vez de esto).
- Dejar enfriar y desmoldar. Cortar el bizcocho en dos capas delgadas.
- Relleno de mascarpone: En un bol grande y a baño Maria batir las yemas con el azúcar hasta obtener una crema suave y esponjosa., retirar del fuego e incorporar el queso mascarpone y mezclar suavemente hasta que esté cremoso. Aparte, batir la crema hasta que forme picos suaves e incorporarla a la mezcla de mascarpone.
- Colocar una capa de bizcocho en el molde y mojar con la mitad del café.
- Extender una capa de la mezcla de mascarpone y repetir el proceso con la segunda capa de bizcocho, el café restante y una capa final de crema.
- Alisar la superficie y cubrir con papel film. Refrigerar al menos 4 horas, preferiblemente toda la noche.
- Finalizar: Antes de scrvir, espolvorear cacao en polvo por encima.

167

13

Postre chajá

Porciones: 10-12

Ingredientes pionono
- 4 huevos
- 70g de azucar (3/4 taza)
- 1 cda de miel
- Una pizca de sal
- 80g de harina 0000 (3/4 taza)(la más refinada que consigas)

PARA LA RECETA SIN GLUTEN REALIZA EL PIONONO SIN GLUTEN (receta #10 de este recetario, pagina 162)
y en cuanto al relleno asegurate que todos los ingredientes sean sin gluten también .

Relleno
- 400g de crema de leche (2tazas)
- 2 cucharadas de azúcar (para la crema)
- 400-500 g de Dulce de leche repostero
- 50g de nueces (1/2 taza)
- 6 mitades de duraznos en almíbar
- Merengues a gusto

Preparación
1. Precalentar el horno a 360 F/180 C
2. Batir los huevos con el azúcar , la miel y la sal hasta que este bien esponjoso.
3. Agregar la esencia de vainilla.
4. Por ultimo incorporar la harina tamizada e incorporar de manera envolvente.
5. En una placa para horno de 28.5 x 42.5 cm./16 x 11 pulgadas con papel manteca enmantecado y enharinado verter la preparación .
6. Hornear por 10 minutos.
7. Despegar en caliente.
8. Untar dulce de leche, agregar las nueces picadas.
9. Batir la crema con el azúcar hasta que esté firme.
10. Untar una parte de la crema (calculando que tengamos suficiente extra para cubrirlo).
11. Agregar los duraznos y los merengues triturados.
12. Enrollar, cubrir con la crema restante y agregar más merengues triturados.

15

Torta flan de dulce de leche

Opción 100% GLUTEN FREE

Porciones: 12-14

Ingredientes
- Para la torta:
- 170g (6oz)de manteca pomada
- 150g (3/4 taza) de azúcar blanca
- 1 cucharadita de esencia de vainilla
- 3 huevos
- 280g (1 3/4 taza) de harina, 0000
- 1 cucharada de polvo para hornear
- 1/4 cucharadita de sal
- 180ml (3/4 taza) de leche

- **Para el flan**
- 350ml (1 1/2 taza) de leche
- 400g de dulce de leche repostero
- 1 lata de leche condensada (400g)
- 1 cucharadita de esencia de vainilla
- 230g (8oz)de queso, crema tipo Filadelfia a temperatura ambiente
- 4 huevos

Preparación
1. Preparar el caramelo con azúcar y agua. Se puede hacer directamente en la flanera o en una olla aparte y después traer al molde. Esparcir por los bordes.
2. para la torta: Batir la mantequilla blanda con azúcar hasta cremar.
3. Agregar los huevos, la esencia de vainilla y por último agregar la harina con la sal e ir intercalando con la leche.
4. Verter la preparación en la flanera o molde de 25 cm/9.5 in de diámetro .
5. Para el flan de dulce de leche: Calentar en una olla la leche, agregar el dulce de leche y revolver muy bien.
6. Retirar del fuego y agregar la leche condensada y la esencia de vainilla.
7. Por otro lado batir el queso crema tipo philadelphia a temperatura ambiente con los huevos.
8. Mezclar con la preparación de dulce de leche.
9. Verter encima de la mezcla de torta, tapar con papel aluminio y hornear en horno previamente precalentado a 350 F/180C a baño María por 75 minutos.
10. Refrigerar y desmoldar en frío .

16

Budín hamburgués con nueces y chocolate

Opción 100% GLUTEN FREE

Porciones: 12

Ingredientes
- 150g (5.3 oz) de manteca o mantequilla sin sal a temperatura ambiente
- 150g (3/4 taza) de azúcar
- 3 huevos a temperatura ambiente
- 100g (3.5 oz) de nueces picadas
- 100g (3.5 oz) de chocolate picado o pepitas
- 70 cc (1/3 taza) de moscato
- 230g (1 3/4 taza) de harina leudante (o prezmecla sin gluten con 1 cucharadita de polvo de hornear)

Glasé
- 200g (2 tazas) azúcar impalpable
- jugo de 1/2 naranja
- Granas de colores navideños

Preparación
1. Batir la manteca a temperatura ambiente con el azúcar .
2. Agregamos los huevos de a uno.
3. Incorporar vino dulce.
4. Ir intercalando las nueces y el chocolate con la harina leudante.
5. Verter la preparación en un molde enmantecado y enharinado. El mío es de 23cm /9 in tipo savarín.
6. Hornear a 350F /180 C por 35 minutos o cuando al pinchar sale seco.
7. Para el glaseado mezclar el azúcar glas con el jugo de naranja.
8. Decorar con el glaseado y granas navideñas.

17

Mousse de chocolate

Porciones: 6

Ingredientes

- 200 g (1 taza) de chocolate semiamargo
- 3 huevos, separados
- 50 g (¼ taza) de azúcar
- 3 cucharadas de agua
- 250 ml (1 taza) de crema para batir, bien fría
- 1 pizca de sal

Preparación

1. En un bol, derretir el chocolate a baño maría o en el microondas en intervalos de 20 segundos, revolviendo cada vez hasta que esté completamente derretido y suave. Dejar enfriar un poco.
2. En una ollita poner el azúcar con el agua y cocinar hasta que quede como un almibar espeso.
3. En un bol pequeño, batir las yemas y agregar el almibar en caliente hasta obtener una mezcla cremosa y espesa. Añadir las yemas batidas al chocolate derretido y mezclar bien.
4. En un bol limpio, batir las claras de huevo con la pizca de sal hasta que formen picos suaves.
5. En otro bol, batir la crema fría hasta que esté espesa y forme picos suaves.
6. Primero, añadir la crema batida a la mezcla de chocolate, mezclando suavemente con una espátula hasta que esté bien incorporada.
7. Luego, agregar las claras batidas poco a poco, usando movimientos envolventes para evitar que se bajen, hasta obtener una mousse homogénea y aireada.
8. Repartir la mousse en 6 copas o recipientes individuales y refrigerar al menos 2 horas antes de servir.

17

Opción
100%
GLUTEN
FREE

Lemon pie fácil

Porciones: 8-10

Ingredientes

Base
- 200 g de galletas (tipo María) trituradas (aproximadamente 2 tazas) Opcional Galletas dulces sin gluten.
- 80 g (6 cucharadas) de mantequilla derretida

Relleno de Limón
- 400 ml (1 lata) de leche condensada
- 100 ml (⅓ taza)de jugo de limón
- 1 cucharada de ralladura de limón
- 4 yemas de huevo

Merengue
- 4 claras de huevo
- 200 g (1 taza) de azúcar
- 1 pizca de sal

Preparación

1. Mezclar las galletas trituradas con la mantequilla derretida hasta que estén bien integradas. Colocar la mezcla en el fondo de un molde desmontable de 23 cm (9 pulgadas), presionando para que quede una base compacta y uniforme. Refrigerar mientras se prepara el relleno.
2. En un bol batir las yemas con la leche condensada hasta que estén bien mezcladas. Agregar el jugo de limón y la ralladura, y seguir batiendo hasta integrar bien. Verter la mezcla sobre la base de galletas.
3. Precalentar el horno a 180°C (350°F). Hornear la tarta durante 15 minutos, o hasta que el relleno esté firme al tacto. Sacar del horno y dejar enfriar.
4. Batir las claras con la pizca de sal hasta que estén espumosas. Agregar el azúcar en forma de lluvia y continuar batiendo hasta obtener un merengue firme y brillante.
5. Extender el merengue sobre la tarta enfriada, creando picos con una cuchara o espátula. Gratinar en el horno por unos minutos a 200°C (400°F) o con un soplete hasta que el merengue esté dorado.
6. Dejar enfriar en el refrigerador por al menos 1 hora antes de servir para que el relleno tenga mejor consistencia.

Brownies con nueces

19

Opción
100%
GLUTEN
FREE

Porciones: 12

Ingredientes

- 230g (8 oz) de chocolate amargo o semi amargo
- 110g (1/2 taza) de manteca o mantequilla sin sal
- 1 cucharadita de esencia de vainilla
- 1/2 cucharadita de sal
- 2 huevos
- 120g (1/2 taza) de azúcar blanca
- 60g (1/4 taza) de azúcar morena
- 50g (1/2 taza) de harina 0000 (reemplazar por harina de almendras para una opción sin gluten)
- 30g (4 cucharadas) de cacao amargo en polvo
- 1/4 cucharadita de polvo de hornear
- Opcional nueces c/n

Preparación

1. Precalentar el horno a 350 F/ 180 C
2. Derretir en el microondas el chocolate con la mantequilla y una pizca de sal, revolver hasta unir.
3. Mezclar los secos: Harina (0000 o de almendras), cacao en polvo y polvo para hornear.
4. En otro bol batir los huevos con el azúcar blanca y morena.
5. Incorporar el chocolate y por último los secos.
6. Este es el momento de agregar las nueces.
7. Llevar a un molde cuadrado con papel manteca al horno por 25 minutos.
8. Para obtener un corte perfecto, limpia el cuchillo entre corte y corte.
9. Espolvorear con azúcar glas para decorar.

20

Turrón navideño con miel

Porciones: 15-20

Ingredientes

- 200 g (⅔ taza) de miel
- 200 g (1 taza) de azúcar
- 1 clara de huevo
- 250 g (2 tazas) de almendras tostadas sin sal
- Ralladura de 1 limón
- Obleas para turrón (opcional, para dar un toque profesional)

Preparación

1. Tostar las almendras en una sartén a fuego medio hasta que estén doradas y perfumadas. Dejar enfriar.
2. En una cacerola a fuego medio, calentar la miel y el azúcar, removiendo ocasionalmente hasta que el azúcar se disuelva completamente. Llevar la mezcla a 250°F/120°C (usar un termómetro de cocina para precisión). Si no tienes un termómetro, el almíbar estará listo cuando burbujee intensamente y se vuelva más denso, como un jarabe espeso.
3. Mientras el almíbar sigue en el fuego, batir la clara de huevo a punto de nieve hasta que esté firme.
4. Con la batidora a velocidad baja, verter el almíbar en un hilo sobre la clara batida, sin dejar de batir. Luego, aumentar la velocidad y continuar batiendo hasta que la mezcla esté densa, blanca y brillante.
5. Con una espátula, integrar las almendras y la ralladura de limón a la mezcla.
6. Si usas obleas, coloca una oblea en el fondo de un molde rectangular pequeño (aproximadamente 20x10cm/ 8x4 pulgadas).
7. Verter la mezcla de turrón sobre la oblea y cubrir con otra oblea encima, presionando ligeramente para compactarlo. Si no usas obleas, simplemente vierte la mezcla en el molde engrasado y alisa la superficie.
8. Dejar reposar a temperatura ambiente durante unas horas o, idealmente, toda la noche para que se endurezca. Luego, desmoldar y cortar en trozos al gusto.

21 Trufas de chocolate

Porciones: 10-12

Ingredientes

- 6 cucharadas de avena (sin gluten)
- 3 cucharadas de coco
- 2 cucharadas de miel
- 2 cucharadas de cacao amargo
- 3 cucharadas de mantequilla de mani
- Nueces a gusto

Preparación

1. Mezclar la avena, el coco, miel, cacao y matequilla de maní en un bol.
2. Hacer bolitas con las manos y agregar una nuez en el centro.
3. Pasar por coco rallado.
4. Refrigerar por unas horas.
5. Disfrutar!

22

Cupcakes Pinguino Navideño

Porciones: 16

Ingredientes cupcakes de chocolate

- 50g de cacao amargo
- 100cc de café caliente
- 160g de azúcar morena
- 100g de manteca o mantequilla sin sal
- 50ml de aceite neutro
- 2 huevos
- 200g de harina leudante (opcional premezcla sin gluten + un cucharadita de polvo de hornear)
- 50ml de leche

Para la decoración

- Galletitas oreo
- Chocolate blanco
- Frosting, merengue o crema
- Azúcar c/n
- Granas de colores

Preparación

1. Precalentar el horno a 350 F/180 C.
2. Disolver el cacao con el café .
3. Batir en un bol mantequilla a temperatura ambiente con el azúcar morena.
4. Agregar aceite, continuar batiendo.
5. Incorporar los huevos de a uno sin dejar de batir.
6. Añadir el chocolate.
7. Intercalar la harina leudante con la leche.
8. Llevar la preparación a moldes para cupcakes con pirotines, rellenando hasta la 3/4 parte de éstos .
9. Hornear por 15 minutos.
10. Sumergir mitad de la galletita oreo en chocolate blanco derretido.
11. Colocar 2 granas negras en los ojos y una naranja simulando el pico.
12. Con una manga de repostería y un pico redondo grande vamos a hacer el cuerpo del pinguino, podes usar crema, frosting o merengue. Hacer presión abajo sobre el cupcake y vamos soltando hasta lograr como una gota. pasar por azúcar blanca.
13. Con crema de otro color y un pico redondo más chico hacemos la bufanda.
14. para los brazos cortamos una galletita oreo en 4 y usamos uno de los cuartos para cada brazo.

23

Porciones: 18-20

Ingredientes cupcakes de vainilla
- 200g (1taza) de azúcar
- 125g (1/2 taza) de manteca o mantequilla
- 190g (1 1/2 taza) de harina ,la más refinada que consigas (Opción premezcla sin gluten)
- 1/2 cucharadita de bicarbonato
- 1 cucharadita de polvo de hornear
- 1/4 cucharadita de sal
- 2 huevos
- 185 ml (3/4 taza) de leche
- 1 1/2 cucharadita de esencia de vainilla

Para el frosting
- 450g (1lb)de mantequilla sin sal blanda
- 1/2 cucharadita de sal
- 700g (7 tazas) de azúcar impalpable
- 200g (3/4 taza) de queso crema tipo philadelphia
- 4 cucharadas de crema de leche
- Colorante verde c/n
- Granas redondas de colores

Preparación
1. Precalentar el horno a 350 F/180 C.
2. Batir en un bol mantequilla a temperatura ambiente con azúcar.
3. Incorporar los huevos de a uno sin dejar de batir.
4. Incorporar la esencia de vainilla.
5. Mezclar los secos: harina , polvo para hornear y sal y añadir a la preparación Intercalando con la leche.
6. Hornear en una placa para cupcakes con pirotines , rellenando 3/4 de este con la preparación por 25 minutos.
7. Preparar el Frosting batiendo con batidora la manteca o mantequilla por 5-8 minutos.
8. Agregar la vainilla y la sal, batir.
9. Agregar la azúcar impalpable de a 2 tazas por vez.
10. Añadir el queso crema y batir hasta incorporar muy bien.
11. Por último incorporamos la crema y batimos solo hasta conseguir la consistencia deseada.
12. Agregar el colorante verde.
13. Colocar el frosting en una manga de repostería con pico rizado.
14. Decorar los cupcakes formando el árbol con el frosting verde.
15. Agregar las granas simulando las bolitas.

Cupcakes Pavo de acción de gracias

Porciones: 18

Ingredientes Para los cupcakes red velvet
- 310 g (2 ½ tazas) de harina para todo uso (o premezcla sin gluten para pastelería)
- 300 g (1 ½ tazas) de azúcar
- 1 cucharadita de bicarbonato de sodio
- 1 cucharadita de sal
- 1 cucharada de cacao en polvo sin azúcar
- 360 ml (1 ½ tazas) de aceite vegetal
- 1 taza de leche con 1 cda de vinagre y deja reposar 10 minutos)
- 2 huevos grandes
- 2 cucharadas de colorante rojo (en gel o líquido, ajusta según la intensidad deseada)
- 1 cucharadita de vinagre blanco
- 2 cucharaditas de extracto de vainilla

Para el frosting:
- 200 g (1 taza) de queso crema a temperatura ambiente
- 100 g (1/2 taza) de mantequilla sin sal a temperatura ambiente
- 480 g (4 tazas) de azúcar impalpable (glas) tamizada
- 1 cucharadita de extracto de vainilla
- Colorantes: amarillo, naranja, rojo y marrón .

Preparación
1. Precalentar el horno a 175°C (350°F).
2. Colocar 18 pirotines en un molde para cupcakes.
3. En un bol grande, tamizar la harina, el azúcar, el bicarbonato, la sal y el cacao en polvo.
4. En otro bol, batir el aceite, el suero de leche, los huevos, el colorante rojo, el vinagre y la vainilla hasta que estén bien combinados.
5. Incorporar los ingredientes secos a los húmedos en tres adiciones, batiendo a baja velocidad hasta que la mezcla esté homogénea. Rellenar los capacillos hasta ¾ de su capacidad.
6. Hornear durante 18-20 minutos o hasta que un palillo insertado en el centro salga limpio.
7. Retirar del horno y deja enfriar los cupcakes.
8. En un bol grande, bate el queso crema y la mantequilla hasta que estén suaves y cremosos, agregar la vainilla y mezcla bien.
9. Incorporar el azúcar impalpable poco a poco, batiendo hasta obtener una textura suave y esponjosa.
10. Si es necesario, refrigerar el frosting por 15 minutos para facilitar su aplicación.
11. Separar en 4 y teñir de diferentes colores.
12. Con un pico rizado comenzando de afuera hacia adentro , con el color rojo decorar el cupcake en zigzag. Continuar con el naranja hacia el centro y entonces el amarillo.
13. Con el Marron y un pico redondo grande hacer el torso del pavo. Decorar el pico en naranja y colocarle unos ojitos o dos puntitos negros.

190

25

Helado de dulce de leche

Porciones: 4

Ingredientes
- 1/2 taza de crema de leche
- 1/2 taza de leche
- 1 taza de Dulce de leche (280g aproximadamente)

Preparación
1. Batir la crema, la leche y el dulce de leche solamente para unir.
2. Llevar al freezer por 2 horas.
3. Retirar y batir con ganas hasta que se ponga cremoso.
4. Este es el momento de agregarle chocolate picado si queres hacerlo granizado.
5. Llevar al freezer por un mínimo de 5 horas.

Peras al vino tinto

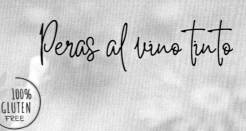

Porciones: 4

Ingredientes

- 4 peras firmes (preferiblemente tipo Bartlett o Bosc), peladas y sin corazón, pero dejando el tallo intacto
- 750 ml de vino tinto (aproximadamente 3 tazas, se recomienda un vino afrutado como Malbec o Merlot)
- 200 g de azúcar (1 taza)
- 1 rama de canela
- 4-5 clavos de olor
- 1 vaina de vainilla (puedes sustituirla por 1 cucharadita de extracto de vainilla)
- 1 trozo de cáscara de naranja o limón (opcional)

Preparación

1. En una cacerola grande, combinar el vino tinto, azúcar, canela, clavos de olor, vaina de vainilla (abierta para extraer las semillas) y cáscara de naranja o limón si deseas un toque cítrico.
2. Colocar las peras peladas en la cacerola con la mezcla de vino. Llevar a ebullición a fuego medio-alto, luego reducir el fuego y dejar cocinar a fuego lento durante 25-30 minutos. Gira las peras de vez en cuando para asegurarte de que se impregnen de color y sabor uniformemente. Las peras estarán listas cuando estén tiernas y fácilmente penetrables con un cuchillo.
3. Reducir el vino (opcional): Retira las peras y colócalas en un plato. Si prefieres un almíbar más espeso, continúa cocinando el líquido a fuego lento hasta que se reduzca y se vuelva más espeso (unos 10-15 minutos adicionales).
4. Colocar una pera en cada plato y vierte un poco del almíbar reducido sobre cada una. Puedes servirlas calientes, tibias o frías, según prefieras.
5. Acompañar con una bola de helado de vainilla o crema batida para realzar el contraste de sabores.

Bebidas

01

Piña Colada

Porciones: 12

Ingredientes

- 1 Lata (1.5 L/46 oz) de jugo de piña o ananá
- 1 lata (397g /14 oz) de leche condensada
- 1 Lata (395g/ 13.5oz) de leche de coco
- 1 taza de ron blanco
- Hielo
- Rodajas de piña o cerezas al marrasquino para decorar

Preparación

1. Colocar el jugo de piña, la crema de coco , leche condensada y el ron en una licuadora junto con el hielo.
2. Licuar hasta que quede suave.
3. Servir en vasos altos y decorar con una rodaja de piña y una cereza.

02

Porciones: 12

Ingredientes

- Jugo de naranja
- Jugo de arándanos blancos
- Prosecco o champán
- Bolas navideñas transparentes
- brillantina comestible

Preparación

1. Colocar en las bolas el jugo , que puede ser del sabor que mas te guste.
2. Agregar brillantina comestible y agitar.
3. Arreglar las copas y colocar la bola encima.
4. Al momento de servir cada invitado puede servir el liquido de la bola navideña en su copa.

O3

Ponche

Porciones: 8

Ingredientes
- 1 litro de jugo de manzana
- 1 litro de jugo de naranja
- 1 taza de arándanos
- 1 taza de brandy o ron (opcional)
- 1 manzana cortada en rodajas
- 1 naranja cortada en rodajas
- 4 clavos de olor
- 1 rama de canela

Preparación
1. Colocar los jugos en una olla y calentar a fuego bajo.
2. Añadir las rodajas de manzana y naranja, los clavos y la rama de canela.
3. Dejar infusionar por 15-20 minutos. Agregar el brandy o ron, si se desea.
4. Servir caliente.

04

Coquito

Porciones: 6

Ingredientes

- 400 ml (1 lata) de leche de coco
- 400 ml (1 lata) de leche condensada
- 400 ml (1 lata) de leche evaporada
- 1 taza de crema de coco
- 1 taza de ron blanco
- 1 cucharadita de extracto de vainilla
- 1/2 cucharadita de canela en polvo
- Canela en rama (opcional, para decorar)

Preparación

1. Mezclar todos los ingredientes en una licuadora hasta obtener una mezcla homogénea.
2. Refrigerar durante al menos 1 hora antes de servir.
3. Servir en copas pequeñas y decorar con una rama de canela.

05

Ponche de huevo (Eggnog)

100% GLUTEN FREE

Porciones: 6

Ingredientes

- 2 tazas (480 ml) de leche
- 1 taza (240 ml) de crema de leche
- 1 taza (200 g) de azúcar
- 4 yemas de huevo
- 1/2 taza de ron o brandy
- 1 cucharadita de nuez moscada
- Canela en polvo para espolvorear

Preparación

1. Calentar la leche y la crema a fuego medio sin que hierva.
2. Batir las yemas con el azúcar en otro recipiente hasta que se pongan espesas y pálidas.
3. Agregar la mezcla de leche caliente lentamente a las yemas, batiendo constantemente.
4. Volver la mezcla a la olla y cocinar a fuego bajo hasta que espese.
5. Agregar el ron o brandy, si se desea. Enfriar y servir con una pizca de canela.

06

Sangría Festiva

100% GLUTEN FREE

Porciones: 8

Ingredientes
- 1 botella de vino tinto
- 1/2 taza de brandy
- 2 cucharadas de azúcar
- 1 manzana y 1 naranja, en rodajas
- 1 rama de canela
- 2 tazas de gaseosa de limón (ejemplo 7up)

Preparación
1. En una jarra grande, mezclar el vino, el brandy, el azúcar y las frutas.
2. Agregar la rama de canela y dejar reposar en la nevera por al menos 2 horas.
3. Añadir la gaseosa justo antes de servir.

07

Porciones: 1 Botella de 750 ml

Ingredientes
- 10 limones, solo la cáscara (sin la parte blanca)
- 750 ml de vodka o alcohol de 40 grados
- 3 tazas (600 g) de azúcar
- 3 tazas (720 ml) de agua

Preparación
1. Colocar las cáscaras de limón en un frasco con el vodka y dejar macerar en un lugar fresco y oscuro durante 10 días.
2. Pasado el tiempo, preparar un almíbar con el azúcar y el agua hasta que el azúcar se disuelva.
3. Colar el vodka para retirar las cáscaras y mezclar con el almíbar.
4. Enfriar antes de servir.

04

Baileys Casero

Porciones: 4

Ingredientes
- 1 taza (240 ml) de whisky
- 1 lata (400 ml) de leche condensada
- 1 taza (240 ml) de crema de leche
- 2 cucharadas de chocolate en polvo
- 1 cucharada de extracto de vainilla

Preparación
1. Mezclar todos los ingredientes en una licuadora hasta obtener una mezcla homogénea.
2. Refrigerar por al menos 1 hora antes de servir.
3. Servir en vasos pequeños con hielo.

09

Sidra caliente con especias

Porciones: 6

Ingredientes
- 1 litro de sidra de manzana
- 1 naranja, en rodajas
- 4 clavos de olor
- 2 ramas de canela
- 1 anís estrellado (opcional)

Preparación
1. Colocar todos los ingredientes en una olla y calentar a fuego bajo.
2. Dejar infusionar por 10-15 minutos, removiendo ocasionalmente.
3. Servir caliente en tazas.

10

Mojito Navideño

100% GLUTEN FREE

Porciones: 4

Ingredientes

- 1 taza (240 ml) de jugo de arándanos
- 1 taza (240 ml) de ron blanco
- 1/2 taza de soda (agua con gas)
- Hojas de menta fresca
- Rodajas de limón
- Azúcar para decorar

Preparación

1. Colocar las hojas de menta y el azúcar en un vaso y machacar ligeramente.
2. Añadir el jugo de arándano, el ron y la soda.
3. Decorar con rodajas de limón y servir con hielo.

11

Chocolatada festiva

100% GLUTEN FREE

Porciones: 4

Ingredientes

- 3 tazas (720 ml) de leche entera o leche vegetal (almendra, coco o avena)
- 1 taza (240 ml) de crema de leche o leche evaporada (para una textura extra cremosa)
- 200 g (1 taza) de chocolate amargo de buena calidad, picado
- 1/4 taza (25 g) de cacao en polvo sin azúcar
- 1/4 taza (50 g) de azúcar o el endulzante de tu preferencia
- 1 cucharadita de extracto de vainilla
- 1/2 cucharadita de canela en polvo
- Pizca de sal
- Opcional: 1/2 taza (120 ml) de licor de crema de whisky, ron o licor de avellanas (para una versión con alcohol)

Preparación

1. Preparar la base: En una olla grande, calentar la leche y la crema a fuego medio hasta que estén tibias (sin dejar que hierva).
2. Añadir el chocolate picado y el cacao en polvo, revolviendo constantemente hasta que el chocolate se derrita por completo y la mezcla esté suave y uniforme.
3. Agregar el azúcar, la vainilla, la canela y la pizca de sal. Revolver bien y ajustar el dulzor al gusto.
4. Si deseas agregar un toque de alcohol, incorpora el licor de tu preferencia en este momento, mezclando bien.
5. Versión Caliente: Mantén la mezcla a fuego bajo hasta que esté bien caliente. Sirve en tazas y decora con crema batida, malvaviscos o una pizca extra de canela.
6. Versión Fría: Deja enfriar la mezcla a temperatura ambiente, luego refrigérala durante al menos 1 hora. Sirve en vasos con hielo y decora con crema batida o una ramita de canela.

Para un toque más especial, puedes decorar los bordes de las tazas o vasos con un poco de chocolate derretido y espolvorear coco rallado o canela en polvo.

Sustitutos y Adaptaciones para Intolerancias Alimentarias

En la cocina, adaptar recetas para personas con intolerancias alimentarias permite que todos puedan disfrutar de una deliciosa comida sin preocupaciones. Las intolerancias alimentarias más comunes incluyen la intolerancia al gluten y la intolerancia a la lactosa, y para cada una existen reemplazos que mantienen el sabor y la textura de nuestras recetas.

Intolerancia al Gluten

El gluten, una proteína presente en el trigo y otros granos, puede provocar molestias digestivas en personas con intolerancia o sensibilidad. Para quienes deben evitar el gluten, la sustitución de harina común con una premezcla sin gluten es una excelente opción. Aquí tienes una receta fácil y versátil para una premezcla sin gluten, perfecta para pastelería:

Receta de Premezcla Sin Gluten

- 2 tazas de harina de arroz
- 1 taza de fécula de maíz (maicena)
- 1 taza de almidón de papa
- 1 cucharadita de goma xantana (ayuda a dar elasticidad a las masas)

Preparación:

Mezcla todos los ingredientes en un recipiente grande y guarda la premezcla en un frasco hermético. Esta premezcla es ideal para bizcochos, galletas y otras recetas de pastelería, ofreciendo una textura esponjosa y suave similar a la de la harina de trigo.

Intolerancia a la Lactosa o Alergia a la Leche

La intolerancia a la lactosa o la alergia a la proteína de la leche pueden dificultar el uso de ingredientes lácteos. Para reemplazar la leche,

puedes utilizar bebidas vegetales como leche de almendras, avena o coco. Estas opciones son ideales y mantienen el sabor y la consistencia de las recetas.

Reemplazo de Manteca con Aceite

En recetas de repostería, la manteca aporta una textura cremosa y esponjosa. Sin embargo, puedes sustituir la manteca por aceite vegetal en la mayoría de las recetas:
Sustitución: Usa ¾ taza de aceite vegetal por cada 1 taza de manteca. El aceite de girasol o de coco es ideal en pastelería y brinda una textura húmeda y suave.

Otras Sustituciones Útiles

Huevo: Para una alternativa al huevo, mezcla 1 cucharada de semillas de chía o de lino molidas con 3 cucharadas de agua y déjalo reposar unos minutos.

Azúcar refinada: Puedes usar azúcar de coco, panela o miel para dar un toque más natural y menos procesado.

Sustitución de Azúcar con Endulzantes Naturales

Para quienes prefieren reducir el consumo de azúcar o necesitan evitarla, el uso de endulzantes naturales como la stevia es una excelente opción. La stevia, un endulzante sin calorías derivado de la planta Stevia rebaudiana, es más concentrada que el azúcar, por lo que se necesita en menor cantidad.

Aquí tienes una guía para sustituir el azúcar con stevia en tus recetas:

Proporciones

Sustitución en Polvo: Usa 1/4 cucharadita de stevia en polvo por cada taza de azúcar que indique la receta.
Sustitución en Gotas: Usa entre 10 y 15 gotas de stevia líquida por cada taza de azúcar. La cantidad exacta puede ajustarse al gusto, ya que algunas marcas de stevia tienen intensidades distintas.
Consejo para el Volumen
Dado que el azúcar aporta no solo dulzura sino también volumen y textura a las recetas, considera añadir un poco más de ingredientes secos, como harina o premezcla sin gluten, si notas que la masa necesita más cuerpo.

Sustitución de Azúcar con Fruto del Monje
El fruto del monje es un endulzante natural que no afecta los niveles de azúcar en sangre, lo cual lo hace adecuado para personas que buscan alternativas sin azúcar o tienen restricciones dietéticas.

Proporciones

- Sustitución en Polvo (extracto puro): Usa 1/4 de cucharadita de fruto del monje en polvo por cada taza de azúcar.
- Sustitución en Mezcla (como Monk Fruit con Eritritol): Algunos productos combinan el fruto del monje con eritritol para imitar la textura del azúcar y hacerlo más fácil de medir. En este caso, puedes sustituir 1:1 en lugar del azúcar, es decir, 1 taza de mezcla de fruto del monje por 1 taza de azúcar.

Nota para la Textura

Si usas extracto puro, puedes agregar un poco más de ingredientes secos si la receta parece demasiado líquida, ya que el azúcar también aporta volumen. La mezcla con eritritol es excelente para productos horneados, ya que mantiene la textura esponjosa sin agregar calorías.

Con estas adaptaciones, todas las recetas de este libro pueden ser disfrutadas por personas con diferentes necesidades alimentarias, sin comprometer el sabor ni la textura.

¡Cocinar para todos es una forma maravillosa de demostrar amor y cuidado!

Gracias, gracias, gracias!

Primero, a ustedes, mi querida audiencia, por estar ahí, por confiar en mí y por hacer realidad este sueño. Cada receta de este libro existe porque ustedes me inspiran a seguir creando, compartiendo, y disfrutando de la cocina. Gracias por abrirme las puertas de sus hogares en una época tan mágica como esta.

A mi familia, por su apoyo incondicional, por creer en mí y por sostenerme en cada paso de este camino. ¡Gracias por ser mi motor y mi alegría diaria!

A mi querida mamá, quien este año partió, pero sigue viva en cada recuerdo y en cada plato que preparo. Ella me enseñó que con una comida calentita también se demuestra amor, y su dulzura siempre estará presente en mi corazón y en mi cocina. Este libro también es un homenaje a ella, a su amor infinito y a los hermosos recuerdos que me dejó!

A mi suegra Diana, quien con su amor por la cocina y sus enseñanzas dejó una marca imborrable en mi vida. Gracias por ayudarme con este libro, por tus recetas, y por transmitirme la pasión por cocinar con el corazón. Este proyecto lleva también un pedacito tuyo.

¡Gracias por llegar hasta aquí! Espero que cada página de este libro haya sido un viaje lleno de inspiración, amor y deliciosos momentos para compartir con quienes más amas.

Cada receta fue creada con cariño y recuerdos familiares, con la esperanza de que llenen tu mesa de calidez y alegría.

La cocina tiene la magia de transformar ingredientes en emociones y experiencias.

Deseo que cada receta te envuelva en el mismo amor con el que fue creada y te inspire a crear recuerdos inolvidables.

Que estas fiestas estén repletas de risas, amor y gratitud. Que la magia de la Navidad y el Año Nuevo ilumine tu hogar y llene de alegría tu mesa en cada bocado y en cada brindis.

¡Hoy brindo por vos! ¡Chin chin!

Felices Fiestas y un Año Nuevo maravilloso!

Te quiero mucho!

♥ Andrea

222

Muy

Felices

Fiestas!!